AF275122

Disfrute gratuitamente **DURANTE UN AÑO** de los eBook y audiolibros de las obras de Editorial Colex*

- Acceda a la página web de la editorial **www.colex.es**

- Identifíquese con su usuario y contraseña. En caso de no disponer de una cuenta regístrese.

- Acceda en el menú de usuario a la pestaña «Mis códigos» e introduzca el que aparece a continuación:

RASCAR PARA VISUALIZAR EL CÓDIGO

Trabajo intelectual y universidad

- Una vez se valide el código, aparecerá una ventana de confirmación y su eBook y audiolibro estará disponible **durante 1 año desde su activación** en la pestaña «Mis libros» en el menú de usuario.

¡Gracias por confiar en nosotros!

La obra que acaba de adquirir incluye de forma gratuita la versión electrónica.

Acceda a nuestra página web para aprovechar todas las funcionalidades de las que dispone en nuestro lector.

Funcionalidades eBook

Acceso desde cualquier dispositivo con conexión a internet

Idéntica visualización a la edición de papel

Navegación intuitiva

Tamaño del texto adaptable

Síguenos en:

TRABAJO INTELECTUAL Y UNIVERSIDAD

TRABAJO INTELECTUAL Y UNIVERSIDAD

Ignacio Álvarez Rodríguez

*Profesor Titular (acreditado a Catedrático)
de Derecho Constitucional
Universidad Complutense de Madrid
ialvarez1@ucm.es*

COLEX 2025

© Ignacio Álvarez Rodríguez

© Editorial Colex, S.L.
Calle Costa Rica, número 5, 3.º B (local comercial)
A Coruña, C.P. 15004
info@colex.es
www.colex.es

I.S.B.N.: 979-13-7011-350-6
Depósito legal: C 1490-2025
DOI: https://doi.org/10.69592/979-13-7011-350-6

SUMARIO

1
INTRODUCCIÓN

2
EL TRABAJO ACADÉMICO: NOTAS SOBRE EL OFICIO

3
EL TRABAJO ACADÉMICO COMO TRABAJO INTELECTUAL

4
EL TRABAJO INTELECTUAL DESDE LA DOCTRINA

10

EL CONSTITUCIONALISMO FEMINISTA COMO ACTIVISMO

11

UN MODELO DE INTELECTUAL O UN INTELECTUAL MODÉLICO: EL PROFESOR BASTOS

12
REFLEXIÓN FINAL

13
BIBLIOGRAFÍA

1

INTRODUCCIÓN

En las siguientes páginas el lector encontrará una serie de reflexiones que tienen que ver con la vida y el trabajo intelectual de los profesores de universidad. Tales pensamientos surgieron al hilo tanto de lecturas (convenientemente citadas en el aparato crítico) como de la experiencia de quien lleva dedicado veinte años al oficio. Partiendo de una base común sobre lo que consideramos trabajo académico, ofrecemos a quien se acerque criterios y opiniones en torno al trabajo académico como trabajo intelectual; al trabajo intelectual desde la libertad de cátedra; al contexto actual del trabajo intelectual; a los peligros del trabajo intelectual; a las consideraciones sobre el catecismo ideológico y la colonización ideológica de la Universidad, especialmente en los últimos tiempos; y al análisis de los constitucionalistas como activistas, especialmente de las constitucionalistas feministas. Finalmente, ofrecemos un modelo de intelectual trayendo a estas páginas la colosal figura del profesor Miguel Anxo Bastos Boubeta, cultivador de la mejor tradición intelectual de lectura y reflexión.

2

EL TRABAJO ACADÉMICO: NOTAS SOBRE EL OFICIO

Para poder abordar el trabajo académico es necesario hacer un breve apunte sobre la educación; o, mejor dicho, sobre la visión de la educación que tiene quien esto firma y que será el hilo conductor a partir de aquí.

2.1. Breve opinión sobre la educación

No cabe abordar la reflexión sobre el trabajo académico-intelectual sin ofrecer contexto. Como nos llevaría muy lejos abordar exhaustiva y monográficamente el asunto, iremos a lo mollar, basándonos en las ideas de Bertrand Russell y Quintana Paz.

Bertrand Russell dijo que el poder de la educación para formar el carácter y la opinión es enorme. El filósofo defendió que había que poner a los niños (*mutatis mutandis*, los alumnos) en el centro, con el objetivo de hacerles pensar por sí mismos, no lo que el profesor piensa. Además, Russell recuerda que educar es una tarea constructiva que requiere de alguna concepción positiva de lo que constituye una buena vida. Un tercer factor que Russell engloba en la tarea académica es el respeto. Un profesor sin respeto piensa que su deber es «moldear» al niño cual alfarero con la arcilla. El respetuoso siente que todo lo que vive encierra algo sagrado, indefinible, ilimitado, precioso. Siente una inexplicable humildad. Busca ayudar al alumno a librar sus propias batallas, equipándolo y fortaleciéndolo en pro de su desarrollo mental y espiritual.

Tal y como dice Russell: «la educación debería fomentar el deseo por la verdad, no la convicción de que algún credo en particular es la verdad. Educar en la credulidad conduce a la decadencia intelectual. Estimular la duda constructiva, el amor por la aventura intelectual, los mundos por conquistar. Si enseñamos que la educación es un medio para ser productivos y no un fin en sí mismo, haremos de ella algo utilitario: un camino hacia el dinero y no hacia la sabiduría. Y finaliza: «si el pensamiento ha de ser la posesión de muchos, no el privilegio de pocos, debemos romper con el miedo (...). Ninguna institución inspirada por el miedo puede fomentar la vida»[1].

Siguiendo a Quintana Paz, la educación universitaria presenta un sesgo a favor de profesores de izquierda frente a centristas o conservadores. En disciplinas relacionadas con las Ciencias Sociales y las Humanidades (como el Derecho Constitucional), la proporción en EE. UU. es de cinco a uno. En ramas como la psicología social esa proporción se dispara hasta el once a uno. Esta falta de pluralidad jamás se denuncia por quienes se pasan la vida reclamando «paridad» y «diversidad». Y resulta llamativo porque el espacio universitario debería ser lugar de debate de diversas ideas, no trasunto de la imposición de una visión sesgada de la vida[2].

Permita el lector una breve digresión sobre la verdad, de la mano de nuestro admiradísimo Simon Leys. Este comienza su honda reflexión con una pregunta que cambia el paso al más rítmico: ¿cómo y por qué nos esforzamos por protegernos de la verdad? ¿Por qué creemos a personas que, como el historiador de Harvard llamado Fairbank, llegó a decir que lo mejor que le había pasado al pueblo chino en muchos siglos fue la revolución maoísta? (cuando China *ya* estaba hundida en un abismo de miseria, opresión y terror) ¿Por qué les

---

1   *Vid.* Russell, B; *¿Por qué luchamos?*, RBA, Barcelona, 2024, p. 163 y ss.

2   *Vid.* Quintana Paz, M.A; *Cosas que ha aprendido de gente interesante. Filosofía, política y religión*, Deusto, Barcelona, 2025, p. 165 y ss.

investimos de tanta autoridad intelectual y moral? Subrayemos esto: la única autoridad que tienen es la que nosotros les concedamos. Ni más ni menos.

Las personas creen lo que *desean* creer. Cultivan ilusiones tanto por idealismo como por cinismo. Creen por exaltar sus almas y para llenar el estómago. Creen por generosidad y estupidez tanto como por intereses e inteligencia. Creen para sobrevivir. Leys denunció durante más de veinte años hechos desagradables sucedidos en China que eran de dominio público. Pero claro, la verdad, por su propia naturaleza, es fea, amarga, salvaje y cruel. Asusta. Hiere. Incluso puede matar. Solo cabe administrarla en pequeñas dosis, en riguroso aislamiento y tomando precauciones profilácticas. A quien osa decirla tal cual es, sin lenitivos ni condimentos, se le debe aislar de inmediato, por precaución y armonía social. La sabiduría china tradicional tenía una expresión ilustrativa para designar esto: «la maldición del hombre que puede ver los pececillos en el fondo del mar». Al final, los *carniceros* chinos hicieron las cuentas con algo muy humano: nuestra capacidad para mantener la indignación es, en realidad, muy limitada. Siempre que se decreta un minuto de silencio, ¿no empezamos enseguida a lanzar discretas miradas al reloj?[3]

Sea como fuere, debemos huir de la superstición, que según Tolstoi no es sino aceptar como verdad incontestable lo que nos presentan los profesores y los científicos. Existe una falsa doctrina de la ciencia cuando se reconoce como única y verdadera lo que tales personas definen en ese momento como «ciencia». En la Edad Media, por ejemplo, Le Goff señala que el intelectual es consciente de la profesión que debe asumir y reconoce la relación que media entre ciencia y enseñanza. Entiende la ciencia como algo que debe circular (no para atesorarla en privado) y, por tanto, para enseñarse y no obviarse[4]. El conocimiento verdadero se enuncia en predicados sencillos y claros. El lenguaje grandilocuente

---

3   *Vid.* Leys, S; *Breviario de saberes inútiles. Ensayos sobre sabiduría en China y literatura occidental*, Acantilado, Barcelona, 2016, p. 454 y ss.

4   *Vid.* Le Goff, J; *Los intelectuales en la Edad Media*, Gedisa, Barcelona, 1986, p. 69.

es puro dogma disfrazado de verdad y encubre la falsa ciencia, no la verdadera. Conviene retenerlo[5].

Bosquejemos ahora en qué consiste el oficio de profesor de universidad[6]. Posteriormente se aborda en qué consiste dicho oficio, teniendo en cuenta que las obligaciones discurren por tres cauces: la docencia, la investigación y la gestión. Acto seguido anotaremos las peculiaridades de un oficio que tiene mucho que ver con lo intelectual. Finalmente, haremos ciertas salvedades relacionadas con el marco universitario en el que se desenvuelven dichas facetas, pues la Universidad del siglo XXI presenta particularidades suficientes como para abordarlas con detenimiento. No obstante, el lector interesado puede buscar más información, lecturas y argumentos en otras obras del autor de estas páginas[7].

La introducción a los quehaceres del laburo universitario no puede hacerse sin reparar en que la Universidad es una institución milenaria, remontando sus orígenes a la Universidad de Bolonia (1088). No obstante, no vamos a dedicar especial atención a lo que ha sucedido hasta ahora, salvo que nos resulte útil para entender lo que sucede hoy. El motivo es bien sencillo: este texto se incardina en un tiempo histórico limitado e intentaremos privilegiar dicho enfoque por encima de veleidades *intelectualoides* o grafómanas. Más allá de disquisiciones teóricas, recordemos que cuando uno argumenta que «el sistema educativo ha fracasado» quien lo sufre de veras es el alumno. Ahí reside el drama en toda su extensión. Y es un drama que conviene asumir cuanto antes en su versión parcial, pues parte de estudiantes fracasarán en las tareas académicas de turno[8].

---

5   Tomo estas ideas de Tolstoi, L; *El camino de la vida*, Acantilado, Barcelona, 2019, p. 361 y ss.

6   Un libro esclarecedor que trata las diferentes exigencias según las etapas académicas es el de Ramió, C; *Manual para los atribulados profesores universitarios*, Los Libros de la Catarata, Madrid, 2014. Véase también González Alcaide, G; *Mediocres en la academia*, Amazon, 2025.

7   *Vid.* Álvarez Rodríguez, I; *Sobre la libertad académica*, Dykinson, Madrid, 2023; y Álvarez Rodríguez, I; *Reflexiones sobre la Universidad*, Fundación Manuel Giménez Abad, Zaragoza, 2023.

8   *Vid.* Bain, K; *Lo que hacen los mejores estudiantes de universidad*, Universidad de Valencia, 2014, p. 117 y ss.

Lo más relevante es entender que a un profesor de universidad que se precie se le va a exigir que acometa tres tipos de tareas, compuestas a su vez de decenas de subtareas. La primera es la función docente o, dicho de otra manera, dar clase y todo lo que exige esta empresa. La segunda es la función investigadora, lo que significa producir conocimiento científico nuevo para su comunidad. La tercera es la gestión, en la que se nombra al profesor para un cargo y este lo ejerce lo mejor que puede y sabe (o no). El artículo 11.2 de la Ley Orgánica del Sistema Universitario de 2023 establece como un derecho y un deber del profesorado universitario la docencia y la investigación. Más adelante, en el artículo 75, establece la posibilidad de ejercer cargos unipersonales de representación y/o gobierno. Por lo tanto, el marco jurídico establece claramente dos funciones y una posibilidad.

Comencemos por la función docente. Esta se centra en dar clases, tarea que no es entendida de forma unívoca por la comunidad académica. Unos creen que es transmitir conocimientos y otros piensan que es crear las condiciones para que los alumnos aprendan por sí mismos[9]. Sea como fuere, un profesor a tiempo completo en el Departamento de Derecho Constitucional *complutense* suele impartir docencia en tres grupos durante un curso académico, lo que viene a significar tener clase entre dos y tres días a la semana. También se debe incluir la preparación previa de las lecciones, derroche precioso de tiempo y esfuerzo. De hecho, se estila un cálculo nada científico, pero con visos de credibilidad, de que por cada hora de clase hay que estudiar cinco (como mínimo). No pocos profesores, completada ya buena parte de la carrera académica, aseveran que la docencia ha sido una de sus principales pasiones[10].

Pero no basta con estudiar y llegar al aula a explicar lo estudiado. Hay que elaborar materiales adicionales para intentar que el alumno pise firme a lo largo de la explicación. A veces

---

9   *Vid*. Finkel, D; *Dar clase con la boca cerrada*, Universidad de Valencia, Valencia, 2008.

10 *Vid*. Cachón Cadenas, M; y Fossas Espadaler, E; *Un largo paseo. Conversaciones sobre la vida y el Derecho*, Atelier, Barcelona, 2025, p.69 y ss.

son esquemas y otras son diapositivas. También formatos audiovisuales. Los recursos generados, así como cualquier otro que pueda surgir en el discurrir de la docencia, se *suben* a Campus Virtual, una herramienta tan útil como ladrona de tiempo.

La función docente se completa, o se complementa, mediante la escritura de libros, materiales docentes y apuntes que se ponen a disposición del alumno y que, en su versión más pulida, constituyen un medio idóneo para estudiar la materia. Pueden adoptar la forma de Manuales, pero el conocimiento enciclopédico que incorporan, amén del signo de los tiempos, quizá haga aconsejable optar por formatos directos y compactos. El alumno de universidad lee lo que lee, tiene múltiples asignaturas que cursar y diversos Manuales que comprar.

En las clases, auténtico cogollo de la enseñanza, es aconsejable optar por un lenguaje llano y sencillo que transmita al alumno las principales ideas, a ser posible mediante ejemplos. Es importante hacer notar que la auténtica y genuina transmisión del conocimiento no tiene en absoluto que ver con oscuros y abigarrados conceptos sino con abrir la ventana y dejar que al ambiente se oree. Huelga decir que el método socrático no pasa de moda y por ese motivo se recomienda a los alumnos que el día anterior a nuestra clase lean los epígrafes que se explicarán a posteriori, para poder tener un debate fructífero y evitar que el aula se convierta en un monólogo o en un diálogo de sordos, si se permite la expresión. Suele ser productivo recubrir las enseñanzas con anécdotas e historias de diverso pelaje, pues nuestro cerebro es narrativo y construye relatos para explicarse el mundo.

A este respecto Zagrebelsky cree que el aula puede ser un ambiente democrático distendido donde compartir ideas o un entorno violento de humillación y fanatismo donde sumirnos en la tristeza. En el segundo escenario, manda el manipulador como demagogo exaltado. Lo que debe atraer en el aula es el tema tratado, no quien lo trata. La mejor clase es la que enseña a controlar emociones e intelecto, convirtiéndose de tal guisa en la más tranquila. Zagrebelsky se vuelve un gran conservador cuando afirma que cuanto más intensa y excepcional sea la vida en las aulas, más posibilidades de que aflore la energía tiránica latente, como sucede en la película *La Ola*. Tranquilidad y buenos alimentos, parece recomendar el constitucionalista italiano[11].

Una breve consideración sobre nosotros los humanos. No somos por la tarde los que somos por la mañana, siendo como somos maravillosamente contradictorios. Si uno desayuna tostada con café no es el mismo que si desayuna napolitana de chocolate con Coca-Cola. Esto se dice pensando también en los alumnos y en hacerles ver que los seres humanos somos así y que no dejamos de aplicar cotidianamente la Constitución a nuestras vidas, contradicciones mediante.

Huelga decir que la función docente no se agota en la docencia presencial ordinaria. Debemos sumarle las tutorías con los alumnos, a veces en el despacho, otras inmediatamente después de clase, las más peculiares en la cafetería o en los aledaños de la Biblioteca. Tampoco es desdeñable la cantidad de correos electrónicos que nos escriben a los efectos, con el compromiso de responder en un plazo razonable las cuestiones que nos planteen. Finalmente, en este magma docente, debemos mencionar los Trabajos Fin de Grado y las Prácticas Externas que tutorizamos. Este tipo de trabajos son, formalmente, una asignatura más del plan de estudios correspondiente, por lo que la materia está a medio caballo entre una asignatura y un trabajo donde el alumno empieza a soltar la pluma, por un lado, y, por otro, se subsume en el ambiente laboral cotidiano de una empresa o un despacho de abogados. Y no solo hay que tutorizar sino también formar parte de las comisiones académicas que evalúan los trabajos, en jornadas duras, de mañana y tarde, a veces inacabables.

Por otro lado, tenemos la función investigadora. Consiste en la producción de conocimiento científico nuevo. El Derecho Constitucional se cultiva, básicamente, leyendo normas, jurisprudencia y doctrina. Pero el lector debe saber que tiene más de arte que de ciencia. En ese sentido, publi-

---

11   *Vid.* ZAGREBLESKY, G; *La clase*, Rialp, Madrid, 2024, p. 108 y ss.

camos los resultados de lo estudiado en forma de monografías, capítulos de libro y artículos científicos. Una reflexión se antoja esencial: ser original no es crear algo nuevo de la nada, pues es bien sabido que desde Grecia y Roma inventar, lo que se dice inventar, no hemos inventado mucho. Es la forma que tenemos de conjugar y presentar los resultados lo que puede tener cierta originalidad. Pero el «qué» ya está dicho desde tiempos inmemoriales. No hay que esconderlo ni negarlo.

Aunque la función investigadora tiene mucho de maratón contra uno mismo, donde la soledad del corredor de fondo hace acto de presencia en las jornadas de lectura concentrada, síntesis escrita de lo estudiado y reflexión sobre ambas, no cabe eludir la importancia que tienen los proyectos de investigación, esfuerzos colectivos dirigidos por uno o dos investigadores principales que mediante la captación de fondos —usualmente públicos— orientan y ejecutan una línea de investigación en torno a un equipo que trabaja individual y colectivamente. Los *hayekianos* dirían que estamos ante un lujo respaldado por el Estado, pero lo cierto y verdad es que la dedicación siempre requiere un sinfín de pequeñas acciones dolorosas. A veces, cada paso es en sí mismo doloroso. Resistir es vencer a largo plazo. Cuanto más se expone uno, más consigue a la larga.

También sería investigación los resultados tecnológicos que genera nuestra actividad científica. En realidad, con tan pomposo nombre se define la transferencia de conocimiento, de investigación, desarrollo e innovación, desde el ámbito universitario al ámbito social y empresarial. Pueden ser los antiguos artículo 83 LOU (actual artículo 60 LOSU) o apariciones y/o colaboraciones en prensa, radio, televisión y, en general, cualesquiera formatos audiovisuales donde se necesite la concurrencia de juristas expertos en la materia que toque ese día. Recuérdese que para que una democracia liberal funcione se necesita un ágora pública de gente sensata y decente, proclive a debatir ideas y posturas y negándose a tocar a rebato para hacer la cacería correspondiente. Necesitamos cierta frialdad de juicio, ánimo constructivo para detectar problemas, perseverancia en buscar soluciones y cuidado en evitar sectarismo y ofuscaciones dogmáticas. La ciencia no es sino las virtudes morales e intelectuales de los científicos[12].

Tanto la docencia como la investigación se miden (in)convenientemente. Si se ocupa una plaza que permite solicitar los complementos retributivos de turno, pasado el corte obtendrá lo que se llama un quinquenio docente y/o un sexenio de investigación. La evaluación sucede cada cinco y seis años, respectivamente. Aunque no es la única manera de dar a conocer el trabajo de uno, pues el profesor de universidad del siglo XXI tiene que crearse diferentes perfiles académicos —redes sociales como Academia.edu o Researchgate.net— donde publicar sus trabajos y hacerse autopromoción.

Como se puede observar, el diagnóstico es claro: el oficio de profesor de universidad ha adquirido tintes que rozan lo dramático por híper veloces, frenéticos, acumulando cada vez más obligaciones por igual (o menor) sueldo y con algunas patologías en forma de ansiedad y depresión que convendría tratar en profundidad[13].

¿Qué significa, pues, trabajar en la Universidad del siglo XXI? Según algunos, significa trabajar en una institución en crisis[14]. Una crítica que se le formula es que privilegia lo mercantil sobre lo educativo, de lugar de reunión de maestros y discípulos en torno al libro a expedir títulos a personas que están el menor tiempo posible entre sus paredes, en previsión de conseguir un empleo el día de mañana. El Plan Bolonia hizo mucho daño. Pero una realidad tan negativa no se sustenta solo en un plan educativo más o menos impuesto desde Europa (aunque algunos países no lo aplican a sus titulaciones de Derecho, tales como Alemania, Inglaterra o

---

12 Así lo observa, creemos que, con todo acierto, Pérez-Díaz, V; *Universidad, ciudadanos y nómadas*, Ediciones Nobel, Oviedo, 2010, p. 173 y ss.

13 Ciertos estudios abogan por reducir la velocidad y volver a las esencias de la profesión. *Vid.* Berg, M; y Seeber, B.K; *The Slow Professor. Desafiando la cultura de la rapidez en la academia*, Editorial Universidad de Granada, Granada, 2022.

14 Véase VV. AA.; «Universidad 2023», *Nueva Revista de Política, Cultura y Arte*, n.º 184, 2023, 167 pp; y Rivero Ortega, R; *El futuro de la Universidad*, Ediciones Universidad de Salamanca, Salamanca, 2021.

Francia) sino que los vientos que soplan son de una envergadura mucho mayor y discurren por derroteros que privilegian el valor comercial de la investigación y de la educación. Por eso las convocatorias de proyectos públicos de investigación en España establecen como una de las condiciones para concederlos el compromiso de publicar los resultados de las investigaciones pertinentes en libre acceso, lo cual iría en contra de la privatización del conocimiento y redundaría en la legitimidad y credibilidad de los expertos[15].

Según el profesor Nieto, la Universidad siempre estuvo en pocas manos. Es más, esas personas que debían servir a la institución consiguieron que esta les sirviera a ellas. La cuadratura del círculo. Para Nieto, fueron los catedráticos de antaño quienes entendieron que la Universidad era patrimonio propio y regían sus destinos como si fuera una finca privada, sin rendir cuentas a nadie. Los profesores, mansos y reacios a airear en público nuestras cuitas, hacemos lo que podemos en ese contexto. Pero ir a clase e impartirla o no hacerlo no pasa ninguna factura. Los estudiantes participan en el enjuague al vender su silencio por el aprobado, sin mayores esfuerzos ni dilemas. Quienes cumplen honesta y heroicamente con sus cometidos, sean del gremio que sean, obtienen el reproche generalizado[16].

Siendo verdad lo anterior, quizá las cosas hayan cambiado. La lógica de la división en Escuelas, dirigidas con mano férrea por el cátedro de turno y enfrentadas entre sí, probablemente se haya superado. El clima que se respira a día de hoy por los departamentos universitarios es más fresco y saludable. Al menos ese suele ser el testimonio de quienes se hicieron profesores en la época de finales de los setenta y ochenta, personas que hoy tienen en torno a los cincuenta-sesenta años. A título de ejemplo valga el testimonio del administrativista López Ramón, quien piensa que la Universidad española ha mejorado notablemente en el último medio

15   *Vid.* Davies, W; *Estados nerviosos. Cómo las emociones se han adueñado de la sociedad*, Sexto Piso, Madrid, 2020, 2.ª edición.

16   *Vid.* Nieto, A; *El mundo visto a los 90 años*, Comares, Granada, 2022, p. 121 y ss.

siglo, con profesores más preparados intelectual y técnicamente, alumnos más motivados, receptivos y capaces, instalaciones suficientes y de calidad; de hecho, el autor pone en tela de juicio que la Universidad de antaño fuera vigorosa intelectualmente hablando. Ni antes ni ahora fue «arcadia feliz» o paraje catastrófico[17].

2.2. Condicionantes materiales a inmateriales

El trabajo del profesor de universidad está inevitable y fuertemente condicionado por factores de diverso pelaje. Para examinarlo dividiremos en dos la exposición. Por un lado, sus condicionantes materiales y, por otro, los inmateriales.

Dentro de las condiciones materiales destacan los edificios donde trabajamos, los despachos, los ordenadores y las sillas, las instalaciones y equipamientos en general, tales como la calefacción o el aire acondicionado (no es broma). Tales aspectos también son predicables de otros hábitats naturales del profesor, como la biblioteca, su departamento o, por qué no decirlo, la cafetería. Recordemos algo obvio: no solo debemos estar bien equipados, sino que debemos poder sacar partido a tales equipamientos. Un despacho en invierno donde no funcione la calefacción es inhabitable. Una biblioteca con mucha luz solar es magnífica, pero si en verano no hay aire acondicionado es un lugar impracticable.

Es de justicia señalar que quien esto escribe ha visto cómo, en líneas generales, tales prestaciones se dan en la práctica. El problema suele venir cuando algo se estropea o se gasta y hay que solicitar la intervención de innumerables departamentos y unidades administrativas para gestionar la adquisición de un elemento nuevo o la reparación de otro. Las doce pruebas de *Astérix* se quedan cortas. Todos sufrimos el procedimiento exigido para solicitar una caja de bolígrafos BIC. Lo comentamos en el café y seguimos adelante, temiendo

---

17   Véase López Ramón, F; «Historia sistémica de un catedrático español», *Revista Aragonesa de Administración Pública*, n.º 61, 2024, pp 423 y ss. En sentido parecido véase Cachón Cadenas, M; y Fossas Espadaler, E; *Un largo paseo. Conversaciones sobre la vida y el Derecho*, Atelier, Barcelona, 2025, p. 70 y ss.

la hora en que llegue la siguiente medida desnortada. Lo mismo sufren los recursos humanos que prestan servicios junto a nosotros para que el trabajo salga adelante: personal técnico, de gestión, de administración, servicios, y mantenimiento (PTGAS en el lenguaje LOSU).

Dentro de las condiciones inmateriales tiene especial importancia las cuestiones relativas a la salud, tanto física como mental, de quienes trabajamos *en la trinchera*. Goza de igual relevancia dicha salud en el caso de los alumnos y del resto de compañeros. Cualquier actividad laboral es una actividad creada y dirigida por y para humanos, realizada por y entre humanos, con todo lo que ello implica. Eso significa la expresión «comunidad universitaria».

Además, recuérdese que la jerarquía se hace sentir, puesto que la pirámide universitaria ocupa a cada uno en el escalón que le corresponde (el que *le toca*). También hay que limar asperezas. Construir juntos. Gestionar alegrías, disgustos, amistades y enemistades, rencillas, rencores, apoyos y envidias, filias y fobias. Al fin y al cabo, el factor humano es lo que más brilla o, dicho con otras palabras, lo que tanto nos da y nos quita.

Quizá la condición inmaterial más importante sea el tiempo, a juicio de Arias Maldonado[18]. El politólogo malagueño cifra como uno de los grandes males de la Universidad contemporánea la falta de tiempo, estrechamente unido a la cantidad de tareas fútiles que debemos realizar de ordinario. Además, todo necesitamos optimizarlo, sacarle el máximo partido curricular, pero estamos estresados y faltos de tiempo y energía. Quien se vacía teniendo que rellenar papeles absurdos no tiene fuerzas para mucho más. Y es de lamentar, porque un profesor de universidad tiene como tareas principales estudiar, reflexionar sobre lo estudiado, enseñarlo y publicar los resultados de tal reflexión.

---

[18]   *Vid.* Arias Maldonado, M; «El tiempo de los profesores universitarios», *Universidad. Una conversación pública sobre la universidad*, 23/6/2022. En línea: https://www.universidadsi.es/desempeno-docente-de-calidad/. Último acceso: 10/4/2025.

Arias Maldonado resulta gozosamente meridiano: la realidad objetivable del profesor universitario es que el número de tareas excede el tiempo disponible para realizarlas, incluso disciplinándonos con horarios elásticos. Esto de la flexibilidad horaria tiene truco, no obstante, porque conduce a trabajar todo el día o a pensar que deberías hacerlo. Una variante más de la Ley de Parkinson: la tarea ocupará el tiempo del que dispongas. A más tiempo, más trabajo (no más tiempo para otras cosas). De ahí que sea capital establecer un pacto con uno mismo basado en un horario y, cumplido este, dedicarte a otras cosas como hacer deporte, ver cine, o leer buena literatura.

El panorama es sombrío. Apenas queda tiempo para pensar y comprender porque hay que producir en masa. Así lo demuestran los criterios exigidos por la ANECA para la acreditación a los cuerpos docentes hasta la reforma de 2024. Por ejemplo, para la cátedra, en el apartado investigador exigían seis monografías de autoría individual, veinte capítulos de libro y veinte artículos científicos. Y eso es solo un apartado dentro de las decenas de apartados que integran el total de requisitos. La propuesta de nuevos criterios al amparo de la LOSU ha ocasionado un auténtico cisma en la comunidad académica, pues castiga retroactivamente a quienes habían hecho los méritos conforme al sistema anterior[19].

Otro aspecto preocupante que señala Arias Maldonado es que las comunidades académicas se están debilitando hacia dentro: los pasillos y las zonas comunes amanecen y atardecen despobladas. La presión por rendir hace que los profesores no puedan dar pie a esas conversaciones informales que a veces traen ideas estupendas, a echar una mano a quienes

---

19   *Vid.* Amoedo-Souto, C.A; «Del personal docente e investigador funcionario». En Horgué Baena, C; *La nueva ordenación de las universidades. Estudios sobre la Ley Orgánica 2/2023, del Sistema Universitario*, Iustel, Madrid, 2023, p. 345 y ss; Aymerich Cano, C; «Selección y promoción del profesorado de las universidades públicas. En Horgué Baena, C; *La nueva ordenación de las universidades. Estudios sobre la Ley Orgánica 2/2023, del Sistema Universitario*, Iustel, Madrid, 2023, p. 474 y ss; muy crítico con el proceso de selección de profesorado en las últimas décadas puede verse en Serrano Gómez, A; *40 años devaluando la selección del profesorado universitario y sin expectativas de cambio*, Dykinson, Madrid, 2024.

empiezan su carrera académica, o a leer con calma. Las virtudes de ayer trocan en vicios hoy.

Un posible remedio es recuperar el control sobre el ritmo de nuestras acciones. Ver la Universidad como comunidad, no solo competición. No obstante, para eso debe cambiar la cultura institucional, pues de lo contrario nadie que esté haciendo carrera académica podrá permitirse la veleidad de «ir despacio». Las decenas de tareas perentorias deben ejecutarse bajo riesgo de que el sistema colapse: cuando se es parte del engranaje ni un tornillo puede aflojarse. Hay que actualizar guías docentes, corregir exámenes y prácticas, subir materiales a campus virtual, entregar los textos académicos en tiempo y forma, rellenando innumerables aplicaciones y currículos...

Al quedar sometido a una evaluación cuantitativa, el candidato tiene más poder sobre sus propios méritos y a mayor esfuerzo, mayores probabilidades de recompensa. Esto es un activo del sistema. Ha roto con el poder feudal de las cátedras, sobre todo de las mal entendidas de antaño. ¿Y qué es una cátedra bien entendida? Pues una donde la escalera por la que subió en su día el catedrático siga en pie para ayudar a otros que quieran subirla, no tirarla de una patada desde arriba. En una palabra: ayudar.

Lo más difícil es rescatar lo mejor del viejo modelo sin incurrir en los vicios corporativos. Esto es, ponderar la calidad antes que la cantidad de la investigación. Las universidades públicas españolas sufren de un burocratismo dirigista que se mira en el espejo del estatalismo clásico. Esto solo contribuye al creciente déficit de sensibilidad hacia lo que debería ser la universidad: una institución diferente de colegios e institutos por el hecho de que sus profesores no solo enseñan, sino que contribuyen a la producción del saber enseñado. No se trata de formular una queja narcisista ni de reclamar el privilegio de la lentitud, sino de evitar que continúe una alocada carrera hacia ninguna parte, donde nadie disfruta, todos sufren y, mientras tanto, se desatiende la principal misión académica: leer, escribir y reflexionar sobre lo leído y escrito[20].

---

20   Para Ruiz Miguel, investigar y enseñar ha consistido casi exclusivamente en leer, escribir y dar clases, tres labores que giran en torno al pensar y, por ende, íntima y recíprocamente relacionadas. *Vid.* Ruiz Mi-

2.3. El criterio de Simon Leys

Simon Leys destaca la situación negativa que vive la Academia. Parte de la concepción de Newman, quien consideraba que si tuviese que elegir entre una Universidad donde profesores eminentes enseñasen a estudiantes a acudir a clase y a presentarse a exámenes u otra donde no hubiese profesores, ni clases ni exámenes, pero en la que los alumnos conviviesen dos o tres años juntos, elegiría la segunda. Leys encontraba la explicación en palabras también de Newman: cuando muchos jóvenes, agudos, francos, comprensivos y observadores se reúnen y se relacionan entre sí, aprenden unos de otros, aunque no haya nadie que les enseñe. La conversación de todos comprende lecciones para cada uno y permite asimilar nuevas ideas y puntos de vista, material fresco para pensar y principios claros para juzgar y actuar en el día a día[21].

Leys abandonó como profesor de universidad seis años antes de la edad de jubilación. Lo hizo por los derroteros que tomaba el trabajo académico y las exigencias que ciertas fuerzas intentaban hacer realidad. Leys lo resume en dos polos: la torre de marfil y la marea de ponzoña.

Respecto al *torremarfilismo*, destaca la reflexión de C.S. Lewis: para calibrar el valor de algo debemos conocer qué finalidad tiene. Ser un impostor intelectual siempre exige un lenguaje tortuoso e ininteligible mientras que los valores fundamentales se enuncian con lenguaje claro y simple. Así llega la definición de Universidad: lugar donde los estudiosos tratan de buscar la verdad, persiguiendo y transmitiendo el conocimiento que alcanzan, más allá de las consecuencias, implicaciones o utilidad de la empresa.

Para Leys el funcionamiento de la Universidad se basa en cuatro elementos. El primero es una comunidad de estudio-

---

GUEL, A; «De la jubilación del profesor universitario», *Almacén de Derecho*, 22 de diciembre de 2023. En línea: https://almacendederecho.org/de-la-jubilacion-del-profesor-universitario.

21   *Vid.* LEYS, S; *Breviario de saberes inútiles. Ensayos sobre sabiduría en China y literatura occidental*, Acantilado, Barcelona, 2016, p. 11.

sos. Un político inglés fue a dar una charla a los catedráticos de Oxford y cuando se dirigió a ellos como «empleados de la universidad», uno de ellos se levantó y dijo que no eran empleados de la universidad (eso eran los administradores y gestores) sino que ellos *eran* la Universidad. Ahí se concentra la esencia del asunto, tanto para lo bueno (pilar de la comunidad educativa) como para lo malo (soberbia y arrogancia por doquier). El segundo elemento se explica solo: una buena biblioteca y buenos laboratorios equipados. El tercero son los estudiantes y Leys insiste en que no deben reclutarse a toda costa, por capturar rentas. De hecho, nuestro autor sueña con una universidad ideal que no expidiese títulos, ni diese acceso a ninguna ocupación, ni que certificase capacitaciones profesionales: una universidad donde los chicos estuvieran motivados por el deseo de adquirir conocimiento. El cuarto elemento es el dinero, pues no hay educación sin financiación.

Respecto a la *marea de ponzoña*, se suele imputar a la Universidad dos defectos supinos. El primero es un elitismo que condena la igualdad y la democracia. Como dice Leys, y ya es generoso, la igualdad solo es noble dentro de su propia esfera (la justicia social) no fuera de ella. A la democracia le pasa algo similar: concierne en exclusiva al mundo de la política y a ningún otro más. Con sus magistrales palabras: «cuando se aplica en cualquier otro sitio, significa la muerte, porque la verdad no es democrática, la inteligencia y el talento no son democráticos, ni la belleza, ni el amor (...). La educación, en su propio campo, debe ser implacablemente aristocrática e intelectual, debe estar enfocada sin el menor pudor hacia la excelencia».

El otro defecto que se le achaca a la Universidad es que no es utilitaria. Citando a Zhuang Zi, Leys, en la línea de Nuccio Ordine, dirá que todo el mundo conoce la utilidad de lo útil, pero pocos la utilidad de lo inútil. De hecho, la Universidad se basa en lo que el mundo considera inútil. En estos tiempos la Universidad se halla presionada con intensidad para justificar su existencia en términos cuantitativos y utilitaristas, corrompiéndose hasta la médula. Si cedemos a la tentación utilitarista traicionamos la vocación universitaria y, de paso, vendemos su alma. La Universidad no es una fábrica de salchichas, sino el lugar donde los seres humanos pueden convertirse en lo que son. Uno no nace hombre, se hace hombre (Erasmo). A eso nos convoca la mejor tradición académica[22].

---

22   *Vid.* Leys, S; *Breviario…, op. cit.*, p. 556 y ss.

3

EL TRABAJO ACADÉMICO COMO TRABAJO INTELECTUAL

Nuestro trabajo como constitucionalistas académicos es eminentemente intelectual. Pasamos muchas horas encerrados en nuestra cabeza, entre libros, artículos, ideas y argumentos, tanto propios *(ejem)* como ajenos. Trabajamos, por ende, con material dúctil y maleable. En primer lugar, porque somos humanos y a todos se nos ven las costuras. En segundo lugar, porque tales ideas y argumentos suelen traducir valores que defendemos o creencias en las que estamos (Ortega y Gasset *dixit*). Sin ir más lejos, Marichal recuerda que el propio Ortega creía, nada más y nada menos, que «los intelectuales tienen que educar a España, para que esta exista realmente, para que sea una nación entera»[23].

Es incontrovertible que todos los trabajos son intelectuales, pues exigen el empleo de las meninges para hacer lo que proceda. Sucede que algunos son más intelectuales que otros, o exigen más del cerebro que del cuerpo. No obstante, conviene recordar un criterio que Haruki Murakami defiende con insistencia y acierto: estar muchas horas sentado en el escritorio, leyendo y/o escribiendo, exige buena forma física[24]. Es una prueba de resistencia que muchas personas, pasados los vahídos provocados por leyendas míticas sobre

---

23   *Vid.* Marichal, J; *El secreto de España. Ensayos de historia intelectual y política*, Taurus, Madrid, 1995, p. 180.

24   Murakami, H; *De qué hablo cuando hablo de escribir*, Tusquets, Barcelona, 2017.

las musas y demás seres inexistentes —«que te pillen traba-jando»— no superan porque confunden tenacidad y perseve-rancia con «altura intelectual». Ser profesor de universidad es una carrera de fondo en la que se debe gestionar a diario muchos sinsabores relacionados con un oficio eminente-mente intelectual. Como decía Leonardo Polo, ser profesor universitario es un modo de ser que crea carácter, eligiendo el saber por encima del dinero y el estudio y la reflexión antes que la politización[25]. Dicho eso, ¿cuáles son las implicaciones que tiene nuestro oficio en cuanto intelectual?

Por un lado, al trabajar con ideas y argumentos, entre papeles, despunta la tendencia a intelectualizar hasta el asunto más prosaico. Tal factor se multiplica debido al *efecto burbuja* o *pecera de cristal*, donde el profesor de universidad se sienta dentro de su torre de marfil y de tanto abstraerse acaba por hacerlo hasta respecto de las cuestiones prácti-cas más elementales. Antonio Orejudo, escritor y profesor de universidad, ha podido decir que «la vida académica es, como la escritura, una burbuja aislada de la vida real, con sus propias reglas y escala de valores. Cualquier tragedia que suceda en el interior de ese universo esterilizado se contrae al contacto con la atmósfera...»[26]. Por eso conviene engas-tar lo que enseñamos con la vida real. Por eso el constitucio-nalismo es y solo puede ser humanismo. La Constitución es aquello que nos permite hacer la vida que hacemos desde que nos levantamos hasta que nos acostamos sin despeda-zarnos mutuamente. Y siempre será así.

3.1. El trabajo intelectual como deriva ideológica

Lo intelectual es muy dado a la deriva ideológica y a con-vertir cualquier foro universitario en mera propaganda pro-selitista o en discusión política de regate corto. Los propa-gandistas son personas que han llegado a la convicción de

25   *Vid.* Polo, L; «Conferencia a profesores de la Universidad de Piura», agosto de 1994. En línea: https://www.udep.edu.pe/hoy/wp-content/uploads/sites/49/2023/06/El-Profesor-Universitario-Leonardo-PO-LO.pdf. Último acceso: 11/03/2025.

26   *Vid.* Orejudo, A; *Grandes éxitos*, Tusquets, Barcelona, 2017, p. 147.

haber descubierto lo que necesita el mundo y, por ello, se ven acuciados por la imperiosa necesidad de propagarlo a los cuatro vientos. Así se explica que los comunistas hayan sido tradicionalmente excelentes portadores de la palabra[27]. Tenemos suficientes pensadores que nos han prevenido sobre los peligros de estas inercias: Jean François Revel y Félix Ovejero. El primero realiza una crítica durísima y certera sobre los peligros de las ideologías extremas en las aulas, auspiciadas y promovidas por profesores que solo buscaban aplaudir a quienes llegaban convencidos de casa y manipular las mentes de quienes estaban por *convencer*. El segundo insiste en que el trabajo intelectual debe regirse por el rigor y el tomarse a uno mismo en serio, máxime cuando cultivamos saberes invulnerables a la tasación o a la estadística. Bajo esas condiciones, y parafraseando a Oppenheimer, un proyecto científico es un éxito, aunque falle. Sin virtudes, el quehacer académico se convierte en un menú panfletario gris[28].

En ese sentido, creemos que las ideas centrales del trabajo de Karl Popper, uno de los filósofos de la ciencia más influyentes del siglo XX, siguen vigentes. Popper dijo mucho sobre la relación entre ideología y ciencia, especialmente en el contexto de su teoría de la falsabilidad y su crítica al dogmatismo.

Popper veía la ciencia como un proceso crítico y abierto, basado en conjeturas que deben ser sometidas a pruebas rigurosas para intentar refutarlas. Para él, lo que distingue a la ciencia de la ideología es la actitud frente a la crítica y la posibilidad de falsación. Una teoría científica, según Popper, debe ser falsable, esto es, debe haber una manera concebible de demostrar que es incorrecta mediante la observación o el experimento. Las ideologías, en cambio, tienden a ser dogmáticas: rechazan la crítica, se aferran a sus principios

---

27 *Vid.* Hyde, D; *Compromiso y liderazgo*, HazteOír.org, Madrid, 2014, p. 123.

28 *Vid.* Revel, J-F; *El conocimiento inútil*, Página Indómita, Barcelona, 2022 (1.ª edición original: 1988); y Ovejero, F; *El compromiso del creador. Ética de la estética*, Galaxia Gutenberg, Barcelona, 2014. A favor de la politización de las aulas siempre estuvo Bourdieu, P; *Homo academicus*, Siglo XXI Editores, Buenos Aires, 2008 (1.ª edición original: 1984).

como verdades absolutas y suelen reinterpretar cualquier evidencia contraria para que encaje en su marco.

En consonancia con dicha tesis, Popper criticó tanto el marxismo como el psicoanálisis freudiano, para él pseudociencias. Argumentaba que eran inmunes a la refutación porque sus defensores explicaban toda contradicción con adiciones *ad hoc* o reinterpretaciones. Popper también asociaba las ideologías cerradas con el totalitarismo, ya que su rechazo a la crítica y su pretensión de verdad absoluta justificaban la imposición de ideas sobre la sociedad. En contraste, la ciencia, con su apertura a la corrección y al progreso mediante el ensayo y error, constituye a su juicio un modelo de pensamiento compatible con una sociedad libre y democrática. Popper veía la ideología como un obstáculo para el avance del conocimiento cuando se volvía rígida y dogmática, mientras que la ciencia, con su disposición a ser cuestionada y refutada, representaba una búsqueda humilde y perfectible de la verdad.

El ejemplo del marxismo fue una piedra de toque recurrente en el análisis de Popper, siempre crítico con razones poderosas. Para Popper el marxismo es un caso clásico de ideología disfrazada de ciencia. Karl Marx predijo que las contradicciones internas del capitalismo llevarían a revoluciones proletarias en países industrializados avanzados, como Inglaterra o Alemania. Sin embargo, estas revoluciones no ocurrieron como se esperaba en esos lugares, sino en países menos industrializados como Rusia (1917). En lugar de considerar que la teoría estaba equivocada, los marxistas reinterpretaron los eventos o ajustaron la teoría, diciendo, por ejemplo, que el imperialismo había «exportado» las contradicciones a otros lugares. Para Popper, esta flexibilidad para explicar cualquier resultado, sin permitir una refutación clara, hacía del marxismo una ideología no falsable, más cercana a la profecía que a la ciencia. Una teoría científica, en cambio, habría especificado condiciones claras bajo las cuales podría ser desmentida (por ejemplo, «si no hay revolución en X condiciones, la teoría es falsa»)[29].

---

29   *Vid.* Popper, K; *La sociedad abierta y sus enemigos*, Paidós, Barcelona, 2017, (1.ª edición: 1945), p. 425 y ss.

3.2. Pero ¿qué es un intelectual?

Llegados a este punto conviene preguntarse qué es un intelectual. Para Alberto Olmos es quien piensa con lo mejor de sí mismo, con un prestigio jalonado de lecturas, escritos y la costumbre de reflexionar. El buen intelectual ofrece luz, bases sólidas, kilometraje mental. Es alguien que se debe a la comunidad, que ayuda a las personas a no caminar a ciegas, con mapas falseados y brújulas amañadas. Es una persona que corre riesgos, que se pone en peligro. Debe decir lo que piensa (intimidad intelectual) no lo que le conviene al poder (prostitución intelectual)[30].

Para Javier Cercas el intelectual se dedica profesionalmente a una actividad intelectual por la que tiene cierto reconocimiento y tercia en el debate público. Es posible que el escritor extremeño se refiera a columnistas, tribunos y opinadores varios, pero, en lo esencial, un profesor de Derecho Constitucional lo sería. Nuestras investigaciones son públicas en su inmensa mayoría. Terciamos en los debates, también a veces desde prensa, radio, televisión y demás formatos audiovisuales. Supongo que varios de nuestros colegas son intelectuales (con perdón).

Para Cercas el intelectual debe cumplir ciertos requisitos. En primer lugar, debe terciar en la vida pública con el tono y actitud de un simple ciudadano, administrando con prudencia sus apariciones (y sus palabras, a ser posible). Por lo menos desde el *Encomio de Helena* de Gorgias tenemos claro que quienes hablan en público deberían ser más cautos porque las palabras pueden transformarse fácilmente en armas y provocar terribles estragos[31]. En segundo lugar, debe resistirse a creer que está en posesión de la verdad y, sobre todo, asumir que la moral es previa a la política: no se puede ser un intelectual decente sin ser un hombre decente.

---

30   *Vid.* OLMOS, A; «Ser una prostituta intelectual (o no serlo)», *El Confidencial*, 2/4/2025. En línea: https://blogs.elconfidencial.com/cultura/mala-fama/2025-04-02/prostituta-intelectual_4099351/ . Último acceso: 3/6/2025.

31   Así lo interpreta ORDINE, N; *Los hombres no son islas. Los clásicos nos ayudan a vivir*, Acantilado, Barcelona, 2022, p. 186.

En tercer lugar, debería prescindir de cualquier fe política salvo la fe en la democracia, entendida como sistema imperfecto, pero infinitamente perfectible. Y, sobre todo: debe saber decir «No» cuando todos callan, se equivocan o tienen miedo y dicen «Sí». La valentía de pensar con lucidez y actuar de acuerdo con lo que piensa. Este hombre encarna la dignidad del intelectual[32].

A esto añadimos una pregunta nada baladí: ¿a quién habla el intelectual? Siguiendo a Znaniecki, el intelectual jamás habla para «la sociedad» sino para círculos específicos que actúan como grupos de referencia. Trabaja para que estén satisfechos. En ese sentido, habría cuatro hombres de conocimiento: el asesor tecnológico, los sabios (ideólogos y utópicos), los académicos y los creadores de conocimiento[33].

¿Presenta el intelectual peligros inherentes por el hecho de serlo? Los tiene. Siguiendo a Miguel Morey, uno de los peligros fundamentales es que crean que su trabajo es argumentar en lugar de reflexionar. En buscar que su discurso produzca un efecto determinado en la audiencia, esto es, en persuadir antes que intentar dar que pensar. Eso, según el propio Morey, es particularmente peligroso pues el intelectual acaba por convertirse ora en sacerdote de la opinión pública, ora en funcionario de la humanidad. Pensar es romper con los atavismos de las ideas recibidas e ir contra aquello que se piensa porque es lo que hay que pensar. Para Morey, pensar es problematizar lo obvio, lo natural, lo normal, lo razonable. El segundo peligro que observa Morey es que el intelectual defiende un discurso auto legitimador, donde sus trabajos asientan su propio estatuto de intelectual. Ser una especie de tutor de la opinión pública tiene sus riesgos y es que el intelectual se crea un portavoz autorizado, un

---

32 *Vid.* Cercas, J; «El hombre que dice no», en su libro *El punto ciego. Las conferencias Weidenfeld 2015*, Random House, Barcelona, 2016, p. 119 y ss.

33 *Vid.* Lamo de Espinosa, E; González García, J. M.ª; y Torres Albero, C; *La sociología del conocimiento y la ciencia*, Alianza, Madrid, 1994, p. 386 y ss.

estadista o un profeta. Así visto, el intelectual no tiene virtud alguna más allá de exteriorizar sus opiniones y argumentos[34].

Michael Walzer también participa en la polémica[35]. Citando a Coser, recuerda que el intelectual académico es alguien que lee libros fuera de su campo y, por ello, es capaz de decidir a qué dedica su tiempo de ocio (diferente a ociosidad). No obstante, cree que cuando un profesor de izquierda entra en un aula debe advertir al alumno de los argumentos en contra de su propia opinión. Es una obligación profesional, no política. No obstante, tal y como expone Simon Leys, no toda opinión es igual de respetable por más que dichas opiniones estén inmersas en un debate intelectual. Sobre todo, si es puramente ideológica (en el caso de autos: defender el criterio maoísta de que el verdadero arte lo producían las masas populares)[36]. Anota Leys casos donde el alumno cuestionó lo que estaba diciendo el profesor, y eso le valió una humillación pública por parte del cuestionado. El propio Walzer, quien se califica de izquierdas, cree que muchos ejemplos son protagonizados por profesores de izquierdas, «santurrones e ideológicamente seguros». El profesor liberal invita al alumno a participar en la discusión, no tanto a suscribir la ideología que profesa. No hay que confundir dar clase con un mitin. Además, las ideas del profesor sobre política, religión, orientación sexual o familia no suelen interesar a nadie más que a él. Desplegar ese pastiche ideológico solo acrece a la presión proselitista sobre el alumno[37].

---

34 *Vid.* Morey, M; *Pequeñas doctrinas de la soledad*, Sexto Piso ediciones, Madrid, 2015, 2.ª edición, p. 227 y ss.

35 *Vid.* Walzer, M; *La lucha por una política decente. Sobre «liberal» como adjetivo*, Katz, Buenos Aires, 2024, p. 145 y ss.

36 *Vid.* Leys, S; *La felicidad de los pececillos. Cartas desde las antípodas*, Acantilado, Barcelona, 2011, p. 10.

37 *Vid.* Tapiador, F.J; *La universidad. Qué es y para qué sirve*, Libros de la Catarata, Madrid, 2024, p. 196 y ss. Quien desee observar hasta qué punto la posiciones de izquierda necesitan enseñorearse de la vida jurídica en general y del mundo educativo en particular puede leer a Gargarella, R; *Manifiesto por un Derecho de izquierda*, Siglo XXI editores, Ciudad Autónoma de Buenos Aires, 2023; dos pensadores clásicos que defienden la necesidad de una educación progresista, con profesores progresistas o de izquierdas la encontramos en Freire, P; *Cartas a quien pretende enseñar*, Siglo XXI editores, México, 2010 (1.ª

Las facultades no son, reitera Walzer, organizaciones políticas. Empero, los profesores posmodernos seguirán la última moda con el único objetivo de fabricar personas que piensen como ellos, lo cual es profundamente iliberal. El erudito que se doblega ante los poderes dominantes compromete o degrada su erudición. Recuérdese que en lides intelectuales la mezcla es buena: reduce la fuerza de la última moda académica y de la ortodoxia reinante. Paradójico es que la libertad académica sea beneficiosa para quienes son profesores iliberales. En cuanto a lo «woke», Walzer tiene claro que el debate intelectual real implica que las personas sean respetadas, no consoladas. Por algo Pablo de Lora habla de la «burocracia del consuelo». Cuanto más alentamos las sensibilidades, más sensibles se vuelven, en un bucle sin fin. Una discusión fuerte y robusta se basa en conversaciones fuertes y robustas, no en censuras. En pocas palabras: unirse a la discusión, no reprimirla.

3.3. El trabajo intelectual según Maestro y Taleb

A este respecto, Jesús G. Maestro cree que el trabajo es una forma de esclavitud a cambio de dinero. Solo el dinero silencia las exigencias de la libertad. No es infrecuente que escritores profesionales consagrados lograran sus hitos trabajando a la par como profesores de universidad para pagar las facturas. Así lo atestiguan, por poner dos ejemplos, Robert Lowell y Ezra Pound[38]. Al sistema le interesa mucho más preservar nuestros miedos y estimular nuestros complejos. Los acuerdos o desacuerdos con los demás le resultan indiferentes. El trabajo no menstral es más ilusorio que real. Si el trabajo es bueno para la salud, quienes deberían trabajar son los enfermos. Así lo resume Maestro, quien piensa que a la gente le gusta estar rodeada de colegas insatisfechos e infelices. En este mundo, cada uno trabaja para sí y contra los demás. Solo conoces de verdad a tus aliados cuando

---

edición de 1993); y Bordieu, P; *Homo academicus*, Siglo XXI editores, Buenos Aires, 2012 (1.ª edición: 1984).

38   Véase VV. AA.; *The Paris Review. Entrevistas (1953-1983)*, Acantilado, Barcelona, 2020, p. 338 y p. 384.

compites contra ellos. La mentira hace posible la convivencia entre personas que no se quieren. O sea: entre compañeros de trabajo. Las personas mediocres son más ambiciosas que las inteligentes.

Para Maestro el trabajo es autoengaño, porque hace pensar a la gente que sirve para algo. En verdad, el trabajo es la mayor hipoteca de la vida humana, el oficio de los esclavos: el hombre verdaderamente libre (poderoso) hace que otros trabajen para él, gestiona el trabajo ajeno en beneficio propio. Trabaja el que no sirve para otra cosa.

El mercado es más poderoso que el Estado, anota Maestro. Las tres cosas que odia cualquier colega: necesitarte, que tú no le necesites, y que hagas lo que a él le gustaría hacer. La vida del mediocre es dura, por eso la anega de creciente burocracia. Fue a finales del siglo XVIII cuando la palabra burocracia, literalmente «la norma de la oficina», pasa a formar parte del idioma corriente en Francia, Alemania e Inglaterra. La escritura cobraba importancia en Estados fuertemente centralizados donde se sustituyó la administración tradicional por la racional. En su peor versión es «papeleo», una acumulación innecesaria de documentos[39]. Vida y trabajo son cosas diferentes. Hoy todo se ha reducido a trabajo, rendimiento y productividad. No hay margen para nada más. Ha desaparecido la calidad no rentable. Esto es: hay pan congelado, no pan de verdad. Como dice la Biblia: la gente malvada no se corrige y el número de tontos es infinito. Pero no nos engañemos: hacerse el tonto es una forma muy veterana de supervivencia (y de escaqueo). Total, solo una de cada mil personas se rebela.

En dicho contexto, Maestro dedica rayos y truenos a los intelectuales. Para él, intelectual es quien no sabe de nada en particular, pero aparenta saber de todo en general. El término «intelectual» es muy ambiguo porque designa realidades que exigen cosas muy diferentes del intelecto, más allá de ciertas apariencias al alcance de cualquier impostor. A la vida intelectual se han dedicado desde siempre los sofistas.

---

39 *Vid.* Burke, P; *Historia social del conocimiento, vol. II. De la Enciclopedia a Wikipedia*, Paidós, Barcelona, 2024 (1.ª edición: 2012), p. 119 y ss.

Los intelectuales han nacido para equivocarse, pues fingen la mitad de la inteligencia que dicen tener con la mitad de inteligencia que no tienen. De nuevo, Simon Leys: «las más altas inteligencias no dicen menos tonterías que el común de los mortales; simplemente, lo hacen con más autoridad»[40]. Para ellos, la cultura está al servicio de la política, no de la libertad. Siempre están al servicio de la política. Pero hoy les ha salido una competencia feroz: el *influencer*. Los chavales de veinte años saben quién es Ibai o Jordi Wild, no Ignacio Sánchez-Cuenca.

El mundo no se interpreta interpretando palabras. El gusto de los intelectuales por manipular a las personas haciéndoles creer que saben mejor que ellas lo que piensan y sienten, desde la atalaya del complejo de superioridad, ha sido y es insaciable. El pueblo no tolera que le digan lo que debe hacer, hoy ese pueblo son los *influencers*. Una de las exigencias de nuestro tiempo es privar de poder a quien tiene ideas y privar de ideas a quien tiene poder. Los intelectuales cambian de ideología como la serpiente muda la piel. Inciden mucho en «la cultura» como preludio a introducirse en vidas y haciendas ajenas sin solución de continuidad. La realidad, siempre compleja, se entiende mucho mejor mediante reducciones simples (¿simplistas?) y una de las favoritas hoy día es la «ideología». Así es como surgen los bloques, sus enfrentamientos y la consiguiente polarización. Tal y como ha dicho la magistrada Velilla: «La adscripción a una ideología compactada atenta contra el ejercicio valiente y autónomo de la conciencia, donde cada individuo alcanza sus propias conclusiones por convencimiento, no por sumisión»[41].

Hoy muchos identifican ideología con cultura y pretenden hacer ver que si criticas la primera estás dañando a la segunda, lo cual es bastante sintomático. Criticar el independentismo catalán no es insultar a la «cultura catalana». La Universidad se ha vendido a esta idea, en lugar de enfrentarla de forma crítica. Solo la política convierte a los intelectuales en figuras visibles. Casi todo lo que son se lo deben al

---

40   *Vid.* Leys, S; *La felicidad..., op. cit*; p. 84.
41   *Vid.* Velilla, N; *La crisis de la autoridad*, Arpa, Barcelona, 2023, p. 130.

poder político. Serviles por naturaleza, esas mentes ramplonas reducen todo a un único elemento: dinero, sexo, ideología, lo que toque.

La mayor parte de los intelectuales no se han caracterizado por ser coherentes ni valientes. Son, ante todo, astutos y serviles. Y muy obedientes. Por eso les premian. ¿Desde cuándo el poder premia a quien lo critica? Por no mencionar que la intelectualidad escribe como si la ciencia no existiera. La vanidad es más poderosa que la vergüenza. Y el intelectual sabe que el poder es más útil que la inteligencia. La literatura es indómita, maleducada y rebelde. Por eso el poder usa la cultura contra la literatura, para silenciarla o invisibilizarla. Pero no se olvide esto: la libertad de la literatura es libérrima pues goza de múltiples posibilidades literarias para sortear las normas políticas. Un escritor como Vargas Llosa entendía que la política no perdura y la literatura, sí. Si se ponen al mismo nivel, se fracasa como escritor y quizá también como político. No obstante, el Nobel peruano recomienda que el compromiso del escritor sea con la libertad, tanto para el individuo como para la sociedad[42]. Cervantes escribió el Quijote en época de terribles censuras eclesiásticas y políticas. En cambio, el cine posmoderno se usa para domesticar al personal.

Para Maestro, la cultura se ha convertido en nuestro tiempo en algo muy peligroso, repleta de represión e intimidación. Dota de poder coactivo a una masa social adoctrinada. La cultura, así vista, da pavor. Se utiliza para negar toda experiencia compartida. Una determinada cultura abduce al individuo (feminismo, cambio climático, Agenda 2030) y se lanza contra el resto. Ni la prensa ni las redes sociales nos salvarán, porque forman parte del problema y no de la solución. Los hechos nunca mienten: mienten quienes los interpretan. Algunos prefieren contemplar el apocalipsis que interrumpir su escenificación. ¿Y el humor dónde queda? Maestro responde: la risa oculta muchas veces la interiorización del miedo. Las redes sociales son prolongación de las

---

42   *Vid.* VV. AA; *The Paris Review. Entrevistas (1953-1983)*, Acantilado, Barcelona, 2020, p. 1696 y ss.

estupideces, patologías y aberraciones de la prensa. Quien difunde porquería la consume al difundirla[43].

A este respecto, conviene recordar que piensan los individuos, no las sociedades. Tal y como dijo Mises, comen y beben las personas, no la sociedad. Razonar y pensar son actividades ejecutadas dentro de uno. Es posible la acción conjunta, pero es inconcebible el pensamiento conjunto. Es fundamental el coraje y la independencia intelectual para cultivar la parresia y decir las cosas tal cual se piensan: ¿para qué queremos la libertad de expresión si no es para usarla? Vivimos hoy una lucha sin cuartel donde los bandos intentan inocularnos su ideología, siguiendo los dictados de Gramsci y Bordieu: ya no es la economía sino la cultura la que gana adeptos a la causa.

No obstante, ciertos estudios demuestran que la gente suele llamar creencias políticas a lo que en realidad no lo es; hablar de ideología en esa tesitura resulta bastante generoso porque la mayor parte de ciudadanos carece de una ideología coherente o reconocible. Tienen lealtades partidistas, no ideología[44]. Y es en ese caldo de cultivo en el que colonizar las mentes. Hay que fabricar comunistas y ya pedirán ellos comunismo. Como dijo Duch, uno de los principales carceleros del régimen totalitario de los jemeres rojos en Camboya: «lamento profundamente todos los asesinatos: mi único deseo era ser un buen comunista»[45]. Ahora importan los medios de comunicación, la educación y los productos de entretenimiento audiovisual (cine, series, podcast, redes sociales) y dotarles de contenido ideologizado y politizado. Se consigue más con propaganda que con fuerza[46]. Con una acción transformadora de bajo perfil que seduzca a multi-

---

43 Vid. G. Maestro, J; *Una filosofía para sobrevivir en el siglo XXI. Yo no soy un youtuber y usted no sabe nada sobre mí*, HarperCollins, Madrid, 2025, p. 132 y ss.

44 Vid. Arias Maldonado, M; *(Pos)verdad y democracia*, Página Indómita, Barcelona, 2024, p. 158 y ss.

45 Tomo la cita del imprescindible Leys, S; *Breviario...*, *op. cit.*, p. 467.

46 De ahí que uno de los grandes *leitmotiv* del propio Gramsci era odiar al indiferente y abogar por tomar partido en la vida. *Vid.* Ordine, N; *Los hombres...*, *op. cit.*, p. 187 y ss.

tudes. No es destruir Hollywood, es hacerlo tuyo y que propague tu mensaje. Para Navajas, el siglo XXI va a ser el del control invasivo mediante la manipulación ideológica. La llamada *guerra cultural* va de domesticarnos ideológicamente. Los intelectuales crean las ideas, los propagandistas las diseminan y quien manda las ejecuta[47].

Znaniecki destacaba el conocimiento como arma de lucha social y, por ende, política. El intelectual fortalece la opinión de los miembros del grupo, mientras que discute la de sus oponentes e intenta conquistar a jóvenes, benévolos e indecisos. Ese intelectual, al que el autor llama «el sabio», se afanará en probar que su facción está en lo cierto, subordinando la verdad y el error a lo que considera bueno y malo. Tiene claro que su tarea se complica por los sabios del otro partido, dado que estos harán lo propio respecto de sus intereses. Pueden ser innovadores o conservadores. En ocasiones van más allá y tratan de crear «ideales» para imponerlos, pero se les antoja más sencillo criticar a los otros que demostrar los argumentos propios. Y tampoco son unos necios: el avance científico reduce su ámbito de acción porque hay menos ideología que vender[48].

Finalizaremos este repaso a la idea de «intelectual» con uno de sus mayores críticos: Nassim Nicholas Taleb. Carga las tintas contra los académicos de ciencias sociales, especialmente economistas y politólogos, porque cree ver a charlatanes ideológicos. Maurice Joly nos ofrece, de nuevo, una clave interpretativa: dado que no se puede proscribir abiertamente la enseñanza libre, «existe en las universidades legiones de profesores cuyos ratos de ocio, fuera de las clases, pueden ser utilizados para la propagación de las buenas doctrinas». ¿Cómo? «Les haré dictar cursos libres en todas las ciudades importantes, movilizando de este modo la instrucción y la influencia del gobierno»[49].

---

47 *Vid.* Navajas, S; *El pensamiento en lucha. Siete ideas decisivas para nuestro presente y los intelectuales que las encarnaron*, La Esfera de los Libros, Madrid, 2024, p. 4 y ss.

48 *Vid.* Znaniecki, F; *El papel social del intelectual*, Fondo de Cultura Económica, México, 1944, p. 123 y ss.

49 *Vid.* Joly, M; *Diálogo en el infierno entre Maquiavelo y Montesquieu*, Muchnik Editores, Barcelona, 1974 (1.ª edición original: 1864), p. 150.

Taleb es un firme defensor de la realidad antes que de sus intérpretes e interpretaciones. De hecho, es de los que piensa que nadie puede convencer del todo a otro alguien, solo la realidad puede. Las teorías generales, globales, holísticas o universales son inválidas. Los humanos somos animales prácticos, locales y sensibles a la escala. Lo micro funciona mejor que lo macro. Deberíamos centrarnos en nuestro entorno inmediato mediante reglas simples y prácticas. Desconocemos el motivo, pero compartimos con Taleb la observación: lo general y abstracto atrae a psicópatas muy parecidos a los intervencionistas.

Para Taleb solo debemos seguir el consejo de quien se gane la vida dando consejos siempre que sufra las consecuencias de su eventual error. Si hablan sin cesar y sin castigo posible, huyamos como de la peste. El empresario gana actuando, no convenciendo. El científico social pretende ganarnos para su causa con palabras, el trabajador de verdad, esto es, el fontanero, lo hace con hechos. Muchos cultivadores de las ciencias sociales caen en la propaganda y la charlatanería porque no asumen riesgos en la vida real. Por eso necesitan rituales, protocolos, títulos y ceremonias con pompa y boato, para ocultar esa carencia. Nos tememos que esto es aplicable a buena parte de nuestro constitucionalismo. Uno puede escribir lo que quiera en la tribuna invitada de turno, que no sufrirá las consecuencias de sus dislates.

Da igual lo que la gente «piense» o «diga». Lo que importa es lo que hace. Eso es la *preferencia revelada*. Las palabras no son ciencia. De ahí que explicarte tu comportamiento no tiene nada que ver con lo que hiciste en un caso concreto. Los actos son medibles y tangibles, por eso debemos centrarnos en ellos. Equivocarse no cuenta cuando no implica coste alguno. Recuerda Taleb que muchos riesgos no son lineales: podemos beneficiarnos de la lluvia, pero no de las inundaciones (aparece de nuevo el problema de la escala). Es curioso constatar que algunos siguen viendo gigantes donde hay molinos. Por ejemplo, quienes pretenden destruir la economía de mercado y/o el capitalismo. Hablan de fallos del mercado o de mercados irracionales. Lo que resulta irracional para Taleb es lo que amenace nuestra supervivencia colectiva e individual. Lo que funciona, por definición, no es irracional. Si algo «estúpido» funciona (sirve para hacer dinero) no puede ser «estúpido».

Taleb critica el *intelectualismo*, esto es, la actitud de creer que podemos separar una acción de sus consecuencias, la teoría de la práctica, y así obtener sistemas complejos partiendo de esquemas jerárquicos (y sumamente ceremoniales). García Márquez entendía el *intelectualismo* como la teoría de lo que debe ser. Si algo no encaja en la teoría se le hace entrar por la fuerza. El escritor ponía el ejemplo de los críticos: teorizan sobre cómo debe ser un escritor e intentan encajar a todos en dicho molde, a la fuerza si es necesario[50]. El hermano del intelectualismo es el *cientifismo*, ofrecer soluciones presuntamente científicas que no son tal. Usar las matemáticas cuando no es necesario es cientifismo. Si te duele la cabeza, cientifismo es operarte a cráneo abierto cuando la razón aconseja una noche de descanso o tomar un paracetamol. En resumen: quien habla debería actuar y los que actúan deberían hablar. Dejemos que las personas que se jueguen la piel seleccionen lo que necesiten.

Vender soluciones complejas es lo que aprenden muchos científicos sociales, porque les educaron para eso. Creen que su posición y estatus de «intelectuales» les obliga a recetar libros ininteligibles y larguísimos. La realidad de quien se juega la piel es que encuentra soluciones sencillas a sus problemas. ¿A quién hacer caso? Al segundo, claramente. Por eso los primeros construyen sistemas burocratizados salvajes y desabridos *contra* los segundos, los fontaneros, carpinteros, taxistas o celadoras. Los artesanos ponen el alma en su trabajo y no toman atajos: dar algo de dudosa calidad o defectuoso hiere su orgullo y *prefieren no hacerlo*.

Estudiar el valor en los libros no te hace más valiente, al igual que comer un filete de ternera no te hace vaca. Un profesor te enseña sobre todo a ser profesor. Los héroes de la historia no son ratones de biblioteca —personas que solo viven en los libros— sino aquellos que pasaron a la acción.

---

50 *Vid.* VV. AA.; *The Paris Review. Entrevistas (1953-1983)*, Acantilado, Barcelona, 2020, p. 1178.

Porque hacen cosas. Muchos profesores universitarios demuestran una cobardía intelectual impresionante porque solo miran sin asumir riesgo alguno. La auténtica libertad es un lance porque te juegas la piel de verdad. Porque la libertad nunca es libre.

Sentado el contexto, Taleb trata la figura del *IPI: Intelectual Pero Idiota*. Suelen ser miembros de la *intelligentsia*, con predominio de académicos y periodistas, que jamás se juegan la piel. Por eso nuestro autor es de la opinión de que hagamos caso a nuestras abuelas e instintos ancestrales, a los clásicos, o a Montaigne, pero no a quienes toman las decisiones políticas. El IPI confunde ciencia con cientifismo. Cree que por entender a un individuo puede entender multitudes (como el mercado o la sociedad), igual que como comprende a una hormiga, eso le permite comprender el hormiguero.

El IPI es omnipresente en nuestras vidas, pero es una pequeña minoría[51]. Generalmente trabajan en departamentos universitarios de ciencias sociales, donde hay muy pocas vacantes. El IPI no comprende cómo la gente hace lo opuesto a lo que él dice y consigue salir adelante. Esos *filisteos educados* hablan muchísimo de igualdad y no han salido a tomar una copa jamás con un taxista negro, pongamos por caso. A este respecto, Taleb hace un análisis magnífico de la desigualdad. Por un lado, tenemos la desigualdad que la gente tolera: nadie siente resentimiento por no ser Einstein, Bob Dylan o Messi. De hecho, les admiramos. Por otro, la desigualdad que la gente siente intolerable: el resentimiento que generan algunos de nuestros iguales, por actuar ilícitamente para enriquecerse de una u otra forma. No seríamos jamás sus fans. No nos inspiran nada bueno. Ni siquiera envidia: su

---

51 Es sabido que el poder de la minoría ha hecho revoluciones, como por ejemplo los bolcheviques y la rusa. Lenin era perfectamente consciente de ello. Sucedió que la clase obrera en cuyo nombre tomaron el poder nunca estuvo implicada en serio por un motivo: no existía. Así, uno de los pocos dirigentes revolucionarios de origen proletario, Shliapnikov, felicitó en cierta ocasión al propio Lenin por ser «la vanguardia de una clase inexistente». Pagó con la vida la ironía. Se toma la anécdota (muy reveladora y nada anecdótica) de BRADATAN, C; *Elogio del fracaso. Cuatro lecciones de humildad*, Anagrama, Barcelona, 2025, p. 126 y 127.

fama resulta ofensiva. Cuando Michele Lamont preguntó a los obreros de Estados Unidos sobre el particular, descubrió que sentían rencor hacia personas como los IPI, pero curiosamente no hacia los ricos.

Así que los poderosos y su cohorte han ideado un plan repleto de regulaciones, exigencias, papeleo y procedimientos para engañar a la gente y ralentizar la competencia. Detestamos a quienes están en la cima y no se juegan la piel. Los detractores de Trump jamás entendieron el valor de las cicatrices y heridas en cuanto señales de riesgo y supervivencia. Lo «acusaron» de haberse ido a la bancarrota, y de tal guisa lo hicieron mucho más cercano y amable al pueblo.

Aprovechando el (mal) ejemplo de Piketty, Taleb cree que el problema es cómo se gestiona el problema. No es cometer errores —el libro de Piketty está plagado de ellos— sino cómo se abordan tales errores y quienes los refutan. Los Krugman y compañía solo supieron llamar a Taleb «arrogante» pero no dijeron absolutamente nada de los hallazgos de este. Nuestro hombre lo tiene claro: esos economistas no experimentan ninguna desventaja en sus vidas. Defender que la desigualdad debe reducirse los lleva, de hecho, a subir en la escalera de la vida, ocupando posiciones de poder intelectual y cobrar en consonancia.

La gente normal y corriente no respalda los argumentos de Piketty, son otros «Pikettys» los que lo hacen. O sea, los IPI. La envidia no se genera en el conductor de camiones de Alabama sino en otros como él. Suelen ser los allegados los que te tienen envidia. En las clases más bajas se envidia antes a un primo que a un Amancio Ortega. Hesíodo ya dijo que el zapatero envidia al zapatero. Piketty no ha preguntado a los obreros franceses qué desean. Probablemente la respuesta sería algo así como aumentar un poco el sueldo, cerveza mejor, un lavavajillas nuevo y metro más rápido.

Los intelectuales manifiestan mucha preocupación retórica por la desigualdad porque ellos mismos tienden a considerarse en términos jerárquicos. Y creen que los demás hacen lo propio. La intelectualidad trata a los pobres como entes abstractos, abstracción que ella misma ha creado.

Por eso está tan convencida de saber lo que quieren. ¿La realidad? No tienen la más mínima idea. Y tiene sentido: lo inundan todo de datos, tablas y gráficos porque carecen de fundamentos y argumentos. El vendedor es rápido cuando logra beneficios, pero nos anega en detalles, teorías y gráficos cuando pierde. De nuevo se trata de sustituir la verdad por lo complicado, trasladándolo a las leyes: los legisladores diseñan normas complejas para que luego se los contrate por más dinero e «interpreten» sus propias palabras.

Entonces, ¿quién es el verdadero experto? El que determine el *efecto Lindy*, esto es, el que determine el tiempo. Porque las cosas que sobreviven han conseguido vencer su exposición al daño a lo largo del tiempo. Solo es *Lindy* lo que no perece. Las cosas envejecen y están sometidas al azar. Lo que es imperecedero por naturaleza es *Lindy*. Ejemplo: un libro de *Guerra y Paz*, en cuanto libro, envejece. Pero la obra en sí misma, no. Los romanos juzgaban su sistema político en términos de funcionamiento, no de «sentido». Muchas personas no entienden cómo ser una persona real, es decir, asumir riesgos de verdad. En la Universidad estamos sometidos a la evaluación constante de nuestros pares, pero el empresario no: está sometido a la realidad (plagada de más empresarios, va de suyo). De hecho, los hombres de cierto carácter suelen preferir la desaprobación de sus iguales. Quizá una persona realmente libre sea aquella que no depende directamente de la evaluación de sus pares. Como ensayista, a Taleb le juzgan los lectores, ni siquiera los de hoy sino los de mañana y los de pasado mañana. No los escritores, editores o agentes literarios. Nuestros iguales y contemporáneos son colaboradores valiosos, no jueces últimos.

Existe una nueva clase de jueces: los administradores universitarios. Esas personas que gestionan la burocratización de todas y cada una de las actividades académicas. Al no asumir riesgos, el trabajo muta en competición ritual y autorreferencial. Pero ya Wittgenstein dijo que el conocimiento es lo contrario a una competición deportiva: en filosofía gana quien llega el último. La única investigación que vale es la que contradice a otras investigaciones, sobre todo si implica un coste o daño a la reputación de su autor. De nuevo, los clásicos: «la verdad se pierde en la trifulca excesiva», dijo Publio Sirio. A la realidad no le importan las apariencias. A la jerarquía, sí. Los ejecutivos son todos iguales con su traje, corbata, y zapatos: son actores. Un ladrón no debe parecer un ladrón, si es un ladrón hábil. La literatura no debería parecer literatura. No se crea una empresa creando una empresa. La estética del producto hace mucho daño. El mundo de las ciencias sociales suele ser un auténtico camelo. Todo está en la presentación, en el envoltorio del caramelo.

Muchas sociedades tuvieron intelectuales en la cima. Brahmanes, druidas, escribas, eruditos...todos unidos por el mismo patrón: conservar el poder mediante rituales complejos y sumamente elaborados, misterios que solo pueden resolver los que están en el secreto, fiándolo todo a lo cosmético. Sin pompa y ceremonia, el intelectual solo es un charlatán, prácticamente un don nadie. Nada hay de malo en lo decorativo, mientras siga siendo decorativo. Ningún académico *exitoso* ni ningún IPI podría cortar el nudo gordiano como Alejandro Magno: espadazo y resuelto el lío. Los intelectuales odian que se resuelvan los problemas porque se quedan sin trabajo. Odian lo práctico y eficaz, prefieren el vuelo de la inanidad. El jugador de fútbol desconoce la explicación científica de cómo chutar a puerta, pero lo aplica en su quehacer diario. La gente que nunca se juega la piel busca lo complicado y huye de lo sencillo. ¿Por qué? Porque les han educado para eso. Alguien así no gana nada si propone una solución simple, pues se le recompensa por su percepción y no por sus resultados. Por ejemplo: el sociólogo activista que escribe un libro de 500 páginas sobre la ideología socialista. Se le premia el ritual, no la aplicación de su teoría (que desemboca en irremediable desastre).

Taleb llama la atención sobre a quién debemos contratar: a quien tenga la educación menos prefabricada. A quien tenga menos títulos y diplomas, pero más sepa de la cosa porque se ha dejado la piel en ello. Se podría contrariar a Taleb: ¿no es mejor una sociedad más educada? ¿Con más educación reglada? Pues no, el asunto parece funcionar al revés: el nivel de educación formal es más alto cuanta más riqueza tiene el país.

4

EL TRABAJO INTELECTUAL
DESDE LA DOCTRINA

Son legión los autores preocupados por «los intelectuales», señaladamente desde la sociología del conocimiento. Nosotros destacaremos el pensamiento de ciertos economistas liberales que han reflexionado en profundidad sobre el alcance de los intelectuales denominados «progresistas», algunos amigos de causas totalitarias. El examen riguroso y atento conjurará ese peligro en la medida en que asumamos los ademanes dictatoriales de ciertas corrientes de pensamiento (posmodernismo, doctrina *woke*, etc.)[52].

4.1. Hayek, Schumpeter, Friedman... y Zietelmann

En un texto preclaro publicado al finalizar la segunda guerra mundial, Hayek entiende que en las democracias prevalece la fuerte creencia de que los intelectuales apenas influyen en las cuestiones políticas. Nuestro autor no lo tiene tan claro. Desde una posición crítica (intelectual es quien revende ideas de segunda mano), Hayek considera que buena

---

52 Una crítica del pensamiento «neoliberal» y del capitalismo puede verse en Monbiot, G; y Hutchinson, P; *La doctrina invisible. La historia secreta del neoliberalismo (y cómo ha acabado controlando tu vida)*, Capitán Swing, Madrid, 2024. No deja de ser curioso que quienes critican este sistema también defienden que no está hecho para cambios graduales o progresivos (p. 172). Sólo lo que vale se quiere mantener. Cambiar poco a poco es intentar mejorar, no destruir.

parte de intelectuales abrazan el socialismo, movimiento que nunca provino de la clase obrera sino, precisamente, de esos intelectuales. No es casualidad que en los países que acabaron siendo socialistas los intelectuales blasonasen de ideales socialistas.

Los intelectuales no tienen que ser pensadores originales o expertos. Lo que les capacita para el trabajo es que de todo opinan sin recato. Pero suelen ser aficionados respecto del meollo de lo que comunican, lo que no es óbice para seguir en sus trabajos y, en buena medida, progresar en ellos gracias a que abrazan las ideas «correctas» (las progresistas). Hayek cree que el profesor que sirve a una causa particular deja inmediatamente de ser profesor y se convierte en un intelectual, esto es, en persona que juzga cualquier asunto a la luz de ideas más o menos de moda.

Hayek destaca, de la mano de Schumpeter, que los intelectuales carecen de responsabilidad y conocimientos prácticos de primera mano. El científico y el hombre de negocios menosprecian al intelectual y con razón, dirá Hayek. Porque no conoce apenas nada y pontifica, sobre todo. Contra pronóstico, el austríaco cree que un intelectual se hace socialista por convicciones e intenciones honestas. Cuestión diferente es que luego actúen como radicales cultos que no dejan de radicalizarse en oposición al sistema establecido. Uno de sus rasgos más característicos es que juzgan las ideas nuevas en la medida en que encajen en su concepción general de las cosas. Visto así, ejercen una labora de censura. Y lo hacen con ideas confusas; es más, cuanto más confusas, más influencia tienen. Saul Bellow dijo: «¿En qué consiste el radicalismo de los escritores radicales de hoy en día? La mayor parte es espíritu bohemio de segunda mano, populismo sentimentaloide (...). Para los escritores norteamericanos es una cuestión de honor. Parece como si tuvieran que ser radicales por una cuestión de pura dignidad (...) de morder no sólo la mano que los alimenta (...) sino casi cualquier otra mano que se les ofrezca (...). El verdadero radicalismo requiere esfuerzo, reflexión (...)»[53].

---

53   Esas fueron las palabras de Bellow en 1966. *Vid.* VV. AA.; *The Paris Review. Entrevistas (1953-1983)*, Acantilado, Barcelona, 2020, p. 515.

El intelectual es soporte de ideas «sociales», creyendo que cualquier democracia debe llevar todo lo lejos que pueda los principios democráticos, especialmente la igualdad material. Y lo equivocado de esta reside, para Hayek, en que no es una convicción moral espontánea que los individuos emplean en sus relaciones sino una construcción intelectual abstracta de dudoso significado y aplicación. Como hemos logrado dominar parte de las fuerzas de la naturaleza esos intelectuales creen que puede hacerse lo propio con las fuerzas sociales.

Hayek cree que los profesores universitarios exitosos son, *casualmente*, socialistas. Aprovechan las oportunidades que se le ofrecen de ganar influencia y poder. El conservador elegirá el trabajo intelectual si le sugiere o si le divierte. El radical emplea el trabajo intelectual como medio, no como fin, para ganar precisamente esa influencia y poder. Que nadie le discuta sus postulados y que le hagan caso, en suma. Pretenden estos reconstruir la sociedad en base a una serie de abstracciones que han creado en sus cabezas. Huyen de consideraciones prácticas que podrían mejorar paulatinamente el orden existente. ¿Por qué? Porque eso demostraría lo inane de sus tesis y fines. Porque eso supondría que han dedicado su vida a esfuerzos fútiles, en el mejor de los casos, cuando no directamente liberticidas, atroces y totalitarios, en el peor. Al intelectual no le interesa ni los detalles técnicos ni las dificultades prácticas.

Friedrich Hayek no quitó responsabilidad a los liberales porque su inacción coadyuvó a que el socialismo y los intelectuales socialistas se impusieran. Dejaron de dar la batalla intelectual en pro del liberalismo. Dejaron de explicar las cosas, la economía y la sociedad. No combatieron esas fuerzas intelectuales que socavan, a diario, los cimientos de una sociedad libre. No construyeron una utopía liberal. Hay que resistir las lisonjas del poder y trabajar por ese ideal liberal, por escasas que sean las opciones de triunfo. Pero aducir una «libertad razonable de comercio» o «relajar los controles» no seduce ni emociona. Debemos lograr que pensar en el cimiento filosófico de una sociedad libre resulte atractivo intelectual y vitalmente[54].

---

54   *Vid.* Hayek, F; «Los intelectuales y el socialismo», *Procesos de Mercado: Revista Europea de Economía Política*, vol. XIII, n.º 2, 2016, pp. 515-536. La edición original es de 1949.

Para Joseph Alois Schumpeter, la creación de hostilidad activa contra un orden social es obra de grupos interesados en estimular y organizar el resentimiento, alimentarlo, conducirlo y darle voz. Ni «el pueblo», ni «la sociedad» elaboran este tipo de iniciativas. Lo único que pueden hacer es aceptar o rechazar el liderazgo ofrecido por algún grupo. Si hay condiciones favorables para dicha hostilidad siempre habrá grupos dispuestos a explotarla. El capitalismo, sin ir más lejos, es proclive a ello porque crea, instruye y mantiene a profesionales de la agitación social. Y ya se sabe: incitar a la rebelión suele rendir en caso de éxito y por eso atrae «tanto a los cerebros como a los músculos»

¿Qué caracteriza la sociología del intelectual? Ante todo, Schumpeter destaca que este tipo social no es fácil de definir; no son «clase social» como lo son los campesinos o los obreros. Tampoco son todos aquellos que tienen educación superior ni siquiera los profesionales liberales (médicos, periodistas o abogados), aun teniendo como tienen una conexión estrecha con el mundo de la intelectualidad pues muchos intelectuales ejercen alguna de estas profesiones para sobrevivir. El autor checo ofrece una definición de «intelectual»: quienes ejercen el poder de la palabra hablada y escrita, distinguiéndose de otros oradores y escritores por su falta de responsabilidad directa respecto de los asuntos prácticos. De ahí la falta de conocimiento real, que solo la experiencia otorga.

El monasterio alumbró al intelectual del medievo y el capitalismo le dio la libertad y la imprenta. Así, aunque el camino que va desde criticar un texto a criticar a toda la sociedad es corto, los intelectuales no tenían vocación de herejes sino de disfrutar honores y bienestar. Y es que la empresa capitalista favorece a los intelectuales con el libro, el periódico y el panfleto baratos, subproductos de la organización capitalista. A partir del siglo XVIII, el intelectual pierde la protección del mecenas o rey (individual) para ganar la del público burgués (colectiva). Es más, en toda sociedad capitalista cualquier ataque contra los intelectuales será contra las fortalezas privadas de la economía burguesa y estas ofrecerán protección a los perseguidos. Al defender a la intelectualidad como grupo, la burguesía se defiende a sí misma. Solo un gobierno fascista o socialista tiene fuerza suficiente como para disciplinar a los intelectuales y para ello debe reducir drásticamente la libertad de todos los estratos de la nación. El grupo intelectual criticará, inevitablemente, todo, o casi todo, también el capitalismo. Personas, instituciones, gobiernos, etc. Recordemos: el intelectual depende de la crítica corrosiva.

Cuando Schumpeter escribe estas líneas (1949), anota que las sociedades son más prósperas, manejan más recursos, el nivel de vida y de ocio de las masas ha progresado. Por ello los intelectuales deben ajustarse a sus gustos: todo se abarata, desde el libro y el periódico hasta la radio, pasando por la importancia de los grandes grupos periodísticos. Un factor determinante es la vigorosa expansión del aparato educativo y, en concreto, de la educación superior; en ambas empresas invirtieron no poco los poderes públicos y la opinión pública.

Del volumen y actitud del grupo intelectual se deducen varias consecuencias. Por un lado, la universidad aumenta la oferta de profesionales liberales, lo que puede desembocar en un desempleo parcial en el sector. Por otro, multiplicar tales servicios contribuye a crear condiciones insatisfactorias: más gente trabajando en trabajos menos cualificados y/o peor pagados que los obreros manuales. Ítem plus: el hombre que pasa por la educación superior se convierte con facilidad en físicamente no empleable en ocupaciones manuales, tendencia que sucederá —y probablemente crecerá— si aumentan los universitarios. Debido a ello, surgen sentimientos de descontento, resentimiento y rencor. Y la manera típica de canalizarlos es criticar con furibundia el capitalismo. A mayor evolución capitalista, mayor hostilidad del grupo intelectual. Así, el rol del intelectual consiste en estimular, organizar y verbalizar el material que viene del descontento, acrecentándolo.

La evolución capitalista produce un movimiento obrero que no es creación de los intelectuales. Pero ambos grupos acaban encontrándose. El obrero jamás imploró nunca el liderazgo intelectual pero los intelectuales han invadido la política obrera, radicalizando el movimiento hasta teñir las prácticas sindicales de revolución. Un obrero siempre desconfía del intelectual, pues media entre ambos un abismo infranqueable. El intelectual se conduce en una dirección innecesaria mientras habla un lenguaje que los comunes no entienden; estos, por lo demás, hablan con crudeza de las cosas veraces. Como el intelectual tiene nula autoridad, debe adular, instigar y alimentar las alas izquierdistas y a las minorías resentidas.

Milton Friedman, puntal de la Escuela de Chicago y máximo defensor del libre mercado, reflexionó sobre los intelectuales y su papel en la sociedad. Una de sus críticas más destacadas señala que los intelectuales tienden a favorecer soluciones centralizadas y a subestimar las virtudes del mercado libre. Friedman argumentaba que muchos intelectuales, a pesar de su influencia, a menudo carecen de un entendimiento práctico de cómo funcionan las economías reales y tienden a idealizar la intervención del gobierno.

Allá por 1970 Friedman criticó con dureza a los intelectuales que creen saber cómo gestionar la vida de otros, rasgo que asociaba con ciertas élites académicas de izquierda. Recordaba que el mercado no necesita de ningún «iluminado» que lo dirija, porque las decisiones individuales coordinadas gracias a los precios y a la oferta/demanda son más efectivas que cualquier plan impuesto desde arriba. Friedman sugería que los intelectuales, siempre arrogantes, creen poder diseñar sistemas mejores que los que emergen espontáneamente del libre intercambio. Las élites intelectuales subestiman la capacidad del individuo común para tomar decisiones en su propio interés y le conminan a que se deje pastorear por dichos «intelectuales»[55].

Reiner Zitelmann ha actualizado el debate formulando la eterna pregunta: ¿por qué tantos intelectuales rechazan el capitalismo?[56] Hablamos de personas que no gustan de ser

---

55 Una síntesis de su pensamiento puede verse en FRIEDMAN, M; *Capitalismo y libertad*, Deusto, Barcelona, 2022; y FRIEDMAN, M; *Libertad de elegir*, Deusto, Barcelona, 2022.

56 *Vid.* ZITELMANN, R; *El capitalismo no es el problema, es la solución. Un viaje a través de la historia reciente de los cinco continentes*, Unión Editorial, Madrid, 2025 (2.ª edición revisada), p. 221 y ss.

escrutadas ni desean que afloren los motivos reales de su anticapitalismo. Se creen la conciencia moral de la sociedad y los legítimos representantes de la izquierda. El anticapitalismo es la religión secular de los intelectuales. Es más sencillo encontrar mil intelectuales que apoyen el régimen despótico de China que uno solo que apoye los éxitos económicos de Taiwán. Como dijo Luttwak: creer que la riqueza es saqueo solo pasa en las cárceles y en Harvard. Y sucede a izquierda y a derecha (Benoist), con el igualitarismo como punta de lanza. También se quejan de las dificultades de ganarse el pan con los frutos de su trabajo intelectual, pero deberían saber que la auténtica vida de estudio es espartana y no da dinero. Muchos de estos intelectuales son académicos. Y cada vez hay más. ¿Consecuencia? Su prestigio disminuye (a mayor oferta, menor valor) y consecuentemente rabian por ello.

Los destartalados mentales no entienden la naturaleza del capitalismo como orden espontáneo. A diferencia del socialismo, el capitalismo no es una escuela de pensamiento que imponer a la realidad. Es algo «innato» a los hombres y la clave del éxito es no poner trabas a su desarrollo. Es un proceso de *abajo a arriba* y evoluciona conforme el *ensayo-error*. Ni Thatcher ni Reagan impusieron un modelo artificial creado en las cabezas de algunos intelectuales después de años de deliberación. Abolieron regulaciones y rigideces, permitiendo así que el mercado funcionase sin cortapisas. El mercado crece como los idiomas evolucionan: de forma espontánea. En verdad, es bastante popular y bastante poco elitista. De ahí que el mejor socialismo sea el capitalismo.

Por el contrario, el socialismo es un sistema artificial, creado por algunas mentes pensantes, y aplicado a la sociedad de *arriba a abajo*. Es un proceso elitista y nada popular. Lenin siempre criticó la espontaneidad de la clase trabajadora. La élite dirigente (él y los que eran como él) debían guiar al pueblo a la revolución (idea creada por él y los que eran como él). Una teoría, la socialista, propia de los sectores más educados dentro de las clases propietarias. El socialismo, tal y como dijo Hayek y la realidad se empeña en mostrar a diario, nunca ha sido el proyecto de la clase trabajadora. Es una abstracción teórica creada por los intelectuales al uso. Por eso otros intelectuales quisieron y adoraron el marxismo: porque era el fruto de la mente de otros intelectuales. Sólo debía ser comunicado a las masas y aplicado con dureza por la élite dirigente. ¿Resultado? La destrucción completa de todo aquello que había surgido y permanecido orgánica y libremente. Adiós a la economía de mercado y adiós a las normas sociales. Ahora todo sería planificado desde altas esferas. El intelectual siempre se decantará por este sistema, porque puede operar en él y con él a su antojo. La realidad se impuso a la teoría, aunque esta se cobró —y se cobra en ciertas latitudes— cientos de miles de víctimas de todo orden y condición. Un sistema socialista es, al cabo, escribir ideales en un papel que, aplicado a la vida real de personas de carne y hueso, jamás ha triunfado por sí mismo.

Son mentes obsesionadas con la igualdad (con la de los demás, de la suya no quieren oír hablar pues prefieren seguir siendo élite) mentes igualitarias que solo buscan que todo sea igualdad, imponiendo sistemas socialistas que fracasaron por no ser del todo bien aplicados (¿?) traicionando el espíritu genuino del socialismo (¡!). Eso sí, lo disfrazan convenientemente bajo la añagaza de «lo público» frente a «lo privado». Se olvidan —una vez más— de que los empresarios exitosos son aquellos que satisfacen los intereses de la mayoría de consumidores. El capitalismo demuestra de nuevo ser una historia de éxito, sobre todo para sacar de la pobreza a millones de personas. Si un intelectual de izquierda, a la sazón profesor de universidad, gana bastante menos que el empresario es porque la demanda de sus servicios es mucho menor y su producto, por consiguiente, de mucha menor calidad. Los intelectuales de izquierda, y algunos de derecha, recelan de las decisiones individuales que tomamos las personas, porque saben en su fuero interno que tales decisiones escapan al control de los planificadores. La gente real se empeña en comportarse como mejor estima, para disgusto de quienes pretenden ordenarles la vida.

Las actividades intelectuales de este tipo de pensador están fuertemente condicionadas por la envidia, la arrogancia, y la superioridad moral. No conciben que gente con muchas menos lecturas y credenciales universitarias estén mejor posicionadas que ellos. Lamentablemente, y a pesar de ello, tienden a establecer sus propios estándares como si fueran absolutos y universales. Para el éxito económico, entre otros muchos factores, hay que saber «cómo», mientras que los saberes intelectualizados propios de intelectuales solo saben «qué». Si uno defiende ante todo que conocimiento es conocimiento teórico, lógicamente todo conocimiento práctico escapa de su rango. El aprendizaje implícito es mucho más nutritivo que el explícito porque pertenece a los arcanos del oficio en cuestión. La habilidad de un deportista o la de un alfarero responde a trabajar miles de horas en lo suyo, no a algo que enseñan en una carrera. Dicho con otras palabras: el aprendizaje no deriva del conocimiento consciente, sino que es un proceso inconsciente derivado de ese aprendizaje implícito. El explícito puede ser comparado: un expediente académico a otro. Pero no cabe comparar —aunque tengan obviamente puntos en común— la experiencia empresarial de un taxista con la del inversor en Bolsa, el panadero o el electricista.

Zitelmann responde de la mano de Nozick a ese mantra de que la contribución de los intelectuales es más valiosa para la sociedad que la de los empresarios. Desde muy pequeños se nos planta la semilla y se nos dice que la educación formal, el estudio de libros y el compromiso político son mucho más valiosos que el éxito empresarial o la riqueza material. Tales «virtudes» obtienen recompensa tanto en casa como en el aula. Habilidades verbales, refinamiento cultural, lectura, esplendor intelectual, en fin, el pack completo. Nozick creía que era en la escuela donde el proceso comienza, elogiando la brillantez. Cuando se gradúan, esos chicos llevan tiempo escuchando que son mejores que el resto. Por eso esperan que la sociedad les haga caso: porque se creen llamados a ello. Sucede que entran en el mercado laboral y salen a la vida, batallando con la frustración y el resentimiento puesto que el mercado no solo valora sus cualidades, sino que recompensa otras. Zitelmann lo tiene claro, de la mano de Ayn Rand: son los propios empresarios los que deciden apaciguar a sus peores enemigos y piden perdón por hacerlo bien. Si el anticapitalismo intelectual es tan poderoso es porque la élite empresarial no articula una respuesta intelectualmente adecuada. Los partidarios del capitalismo siempre fueron minoría dentro de la *intelectualidad*.

Con todo, cualquier proyecto de «hombre nuevo» debe prevenirnos seriamente pues ya sabemos dónde conduce. La capacidad de imaginar en abstracto una sociedad idealizada y pretender hacerla realidad obvia por completo la naturaleza humana más elemental (trueque, cambio, beneficios, riqueza material). Por eso cuando el anticapitalismo llega al poder no solo destruye la riqueza económica y la libertad política sino también la propia libertad intelectual: siempre es una tiranía. De hecho, los intelectuales suelen verse como librepensadores críticos que nadan contra corriente, pero, en verdad, son sumamente conformistas con su comunidad de referencia y muy pocos tienen el coraje de posicionarse fuera de las creencias de dicha comunidad. Lo realmente útil es conocer criterios verificables basados en evidencia, en aras de identificar las condiciones para que la libertad y la prosperidad florezcan.

4.2. Dahrendorf y Burke (y algunas cosas más)

Ralf Dahrendorf entendió que intelectual es quien opera mediante la palabra; por lo tanto, se suma a la corriente de quienes piensan que son, sobre todo y, ante todo, personas que escriben con vocación de ser leídas (hablan para ser escuchados). En su propia expresión: son personas que acompañan críticamente lo que va sucediendo. Así, el intelectual se caracteriza por dos notas: tiene proyección pública y su contexto pueden ser tiempos convulsos y tiempos normales (si es que no todos los tiempos son convulsos y normales a su manera). No obstante, un incisivo Dahrendorf dirá que «a esos intelectuales públicos les gusta dramatizar lo de suyo normal pues esto coadyuva a la imagen que se hacen de sí mismos y da a sus palabras una mayor importancia». A medida que las cosas se calman, muchos de ellos se convierten en políticos e intelectuales *normales*[57].

---

57 *Vid.* Dahrendorf, R; *La libertad a prueba: los intelectuales frente a la tentación totalitaria*, Trotta, 2009, p. 26.

El autor alemán trata la figura del intelectual público en tiempos de cambios radicales, marco propicio para saber su catadura moral real (no es criticable la mera supervivencia, claro está). La tentación del fascismo y del comunismo —hoy diríamos la tentación de ser radicalmente posmoderno, trans, feminista o woke en general— no hizo que todos sucumbieran, como muestra el ejemplo de quienes defendieron la libertad.

¿Qué prometieron esos totalitarismos? Los nazis una ligazón, el caudillaje de un líder supremo y presente. Algunos intelectuales seducidos, como Heidegger, no lo fueron durante mucho tiempo. Este abandonó en menos de un año el cargo de Rector de la Universidad de Friburgo, donde le habían puesto los nacionalsocialistas. Los comunistas prometían vínculo, esperanza y futuro, esa presunta necesidad histórica del comunismo (en realidad un recorrido sangriento de barbarie). Cuando ciertos intelectuales se unieron al Partido Comunista de turno, renunciaron a la verdad y a la libertad. Ya dijo Isaiah Berlin que el pluralismo de valores genera contradicciones irresolubles. Hablando de Berlin, en aquella época de comunismo a troche y moche él resistió los cantos de sirena, al igual que lo hicieron Karl Popper, Raymond Aron o Norberto Bobbio.

Dahrendorf es de la opinión de que toda constitución de la libertad es un límite de esta. La soledad es el precio de la libertad y esta tiene como prerrequisitos la valentía, el coraje y la independencia. El orden liberal que el alemán defiende se basa en la democracia política y en el dominio del Derecho. Una democracia liberal al uso, podríamos decir. Como la defendida por Aron, quien para nuestro autor era un «observador comprometido». ¿En qué consistía ese compromiso? Es una forma de participación interior, con convicciones reales, basada en la verdad y alejada de modas e intereses desde una irrenunciable independencia.

Ralf Dahrendorf cree que, para resistir la tentación esclavizante del totalitarismo, centrada en ceder libertad, se necesita: no apartarse del propio rumbo, inclusive si uno se queda solo; disciplina para no dejarse comprar; y entrega apasionada a la razón. «Hay que tener el ánimo del luchador solitario por la verdad»[58]. Dahrendorf pone de ejemplo a Erasmo de Rotterdam y cómo las virtudes de la libertad inmunizan ante las tentaciones totalitarias. Ahí cree que tienen sitio Arendt y Bobbio. Al fin y al cabo, participar por convicción es completamente diferente a participar para sobrevivir. Así interpreta la carta de Bobbio a Mussolini, que denomina «oportunismo consciente». El concepto de emigración interior fue puesto en marcha por muchos intelectuales, como Berlin, que abogaba por el retiro a la *ciudadela interior*. Los tiempos normales son malos para los intelectuales.

Así que debemos colegir que el concepto de «intelectual» es tan poliédrico como difícil es establecer su origen y significado. Karl Mannheim definió a los intelectuales como aquellos grupos sociales cuya especial tarea es ofrecer a su sociedad una interpretación del mundo. Un estrato que flotaría libremente, sin apenas anclajes. Siguiendo a Burke, el intelectual surge por primera vez en la Rusia de mediados del siglo XIX cuando se acuña el término «intelligentsia» para aludir a los hombres de letras que no trabajaban en la burocracia. Pero esta versión no es unánime[59].

Siendo como es el intelectual una persona que diagnostica en público los males de la sociedad y cómo abordarlos, otros estudiosos creen que los intelectuales nacen —al menos en el mundo occidental contemporáneo— en el marco del famoso caso Dreyfus y en la firma del manifiesto «Yo acuso» por parte de los Zola, Blum, France y compañía[60]. A partir de

---

58   Allá por 1428, Leon Battista decía que el de literato es un trabajo intelectual solitario y duro, amén de paupérrimo económicamente hablando. Quien desee fortunas, poder, influencia o medrar mediante las letras se equivoca: las letras solo ofrecen, en el mejor de los casos, erudición y saber, al precio de quedar «enflaquecidos y agotados». *Vid.* BATTISTA ALBERTI, L; *De las ventajas y desventajas de las letras*, PPU, Barcelona, 1991, p. 41 y ss.

59   *Vid.* BURKE, P; *Historia social del conocimiento, vol I. De Gutenberg a Diderot*, Paidós, Barcelona, 2024 (1.ª edición: 2012), p. 30 y ss. El autor anota que Jaques Le Goff dedicó un libro a los intelectuales en la Edad Media, lo cual hace aún más interesante y complejo llegar al meollo de su origen y concepto.

60   Marichal dice que la palabra «intelectual» se emplea antes por Ramiro de Maeztu y por Emilia Pardo Bazán (1900), quien la usa en un artículo que envía desde París a *El Imparcial*. *Vid.* MARICHAL, J; *El secreto*

1898 se reúne bajo la palabra «intelectual» a quienes opinaban sobre la vida política y el debate de ideas, en el marco de una sociedad rota por dicho caso[61]. Se habla de escritores y profesores, maestros de la palabra escrita[62]. Así visto, no superó el riguroso examen que realizó Julien Benda en lo que llamó la *traición de los intelectuales*: combatientes políticos enarbolando la bandera de la sinrazón eludiendo la verdad, la justicia, la razón y la libertad[63].

Por poner un ejemplo, es interesante reflexionar sobre el hecho de que el intelectual español parece fatídicamente nacido para vilipendiar a su país. Roca Barea dice que la tradición intelectual española es «autocrítica y flagelante desde muy antiguo». Y sigue: «el intelectual español nace, crece, se reproduce y muere en un hábitat que exige la crítica nacional, si quiere conseguir algún respeto. Quien no lo practique con la necesaria virulencia, será calificado como mínimo de ignorante y cateto (...) y además de derechas»[64]. Sea como fuere, Benda defendió que el intelectual coloca su razón por encima de las pasiones y es adalid de la verdad universal; en cambio, si se pone al servicio de pasiones políticas se convierte en

---

de España. Ensayos de historia intelectual y política, Taurus, Madrid, 1995, p. 176 y ss. Para Molina, existió un embrión de intelectual en los salones literarios del siglo XVIII, especialmente bajo la batuta de Madame Staël, donde la conversación propalaba las ideas. *Vid.* MOLINA, C.A; *La caza de los intelectuales. La cultura bajo sospecha*, Destino, Barcelona, 2014, p. 293 y ss. Con el manifiesto la literatura consigue conquistar su libertad respecto a las imposiciones nacionales y políticas. *Vid.* CASANOVA, P; *La República mundial de las Letras*, Anagrama, Barcelona, 2001, p. 59 y ss.

61   Según Ramiro de Maeztu, mientras los intelectuales españoles demostraban no tener poder, al contrario sucedió con la victoria de los pensadores franceses, uniéndose a los militares para hacer frente común contra Alemania. *Vid.* MAEZTU, R. DE; *Los intelectuales y un epílogo para estudiantes*, Rialp, Madrid, 1966, p. 15.

62   *Vid.* RUIZ-DOMÉNEC, J.E; *Un duelo interminable. La batalla cultural del largo siglo XX*, Taurus, Barcelona, 2024, p. 58 y ss.

63   *Vid.* BENDA, J; *La traición de los intelectuales*, Galaxia Gutenberg, Barcelona, 2008 (1.ª edición: 1927).

64   *Vid.* ROCA BAREA, M.ª E; *Imperiofobia y leyenda negra. Roma, Rusia, Estados Unidos y el Imperio Español*, Siruela, Madrid, 2016, p. 472. Una respuesta al libro de Roca Barea puede verse en VILLACAÑAS, J.L; *Imperiofilia y el populismo nacionalcatólico. Otra historia del imperio español*, Lengua de Trapo, Madrid, 2019.

un *intelectual de salón*[65]. El *intelectual comprometido*, tropo que le debe casi todo a la Francia contemporánea, a la figura de Sartre y al *mayo del 68*, abrazó tesis inasumibles cuando no directamente genocidas. Raymond Aron fue claro: «se considera a Francia como el paraíso de los intelectuales y a los intelectuales franceses como revolucionarios», resaltando a mayor abundamiento que «la mayoría de los intelectuales que se interesan en política están amargados porque se sienten frustrados en lo que les pertenece en derecho»[66]. Se ha podido decir que la historia de los intelectuales es, al menos parcialmente, la historia del siglo XX[67]. Y ya sabemos que el siglo XX fue especialmente sangriento[68].

Lo anterior cobra sentido teniendo en cuenta que parte de la intelectualidad del siglo XX (especialmente de izquierda) hizo todo lo posible por destruir los esfuerzos de los intelectuales del siglo XIX en defender una sociedad estable, posrevolucionaria, separando autoridad de tiranía, libertad de licencia, derecho de hecho. Esto alcanzó el paroxismo con los totalitarismos del primero. El hombre nuevo se concebía como una especie humana diferente, salto cualitativo que nos llevaba del autocontrol y la prudencia, por el miedo a la desconocido, a las posibilidades ilimitadas que combatían dicha prudencia por «burguesa»[69].

---

65   *Vid.* Molina, C.A; *La caza de los intelectuales...*, p. 431 y ss. No hay que olvidar que en tiempos de Luis XIV Francia subvencionaba salones para que el intelectual francés diera brillo y razones a la *grandeur*, «achicando descalabros y transformando disparates en logros para la humanidad». *Vid.* Roca Barea, M.ª E; *Imperiofobia y leyenda negra. Roma, Rusia, Estados Unidos y el Imperio Español*, Siruela, Madrid, 2016, p. 472.

66   *Vid.* Aron, R; *El opio de los intelectuales*, RBA, Barcelona, 2011 (1.ª edición original: 1955), p. 270 y ss. Un libro que estudia exhaustivamente la intelectualidad francesa es el de Winock, M; *El siglo de los intelectuales*, Edhasa, Barcelona, 2010.

67   Serna, J; *Fernando Savater. La deriva de un intelectual*, Sílex, Madrid, 2024, p. 31.

68   Además de caducado. Por eso el «escritor comprometido» es hoy día una figura extinguida y nadie lo lamenta. *Vid.* Scott, E; *Escritor profesional*, Ediciones Godot, Buenos Aires, 2023, p. 25.

69   *Vid.* Gonzalo Díez, L; *Los vagabundos de la política. De la heterodoxia intelectual del siglo XIX a la ortodoxia ideológica del siglo XX*, Galaxia Gutenberg, Barcelona, 2025, p. 374 y ss.

Para Peter Burke el intelectual es alguien a medio camino entre el aficionado y el profesional. Los escritores y académicos que se pronunciaron al hilo de aquel debate *dreyfussiano* fueron denominados «intelectuales», pero épocas históricas pasadas también comprendían, de un modo u otro, dicha figura. Como los profesores universitarios en la Edad Media o los humanistas del Renacimiento. Incluso si restringimos el término a quienes opinan políticamente en público, Burke nos recuerda que la categoría se remonta a los filósofos franceses ilustrados, los Voltaire o Diderot. Es más, el surgir de intelectuales públicos a mediados del siglo XVIII permitió el desarrollo del mercado literario y, con ello, que los escritores se librasen de los mecenas y lograran la independencia, marcando un hito en la historia social del conocimiento[70].

Esto no siempre fue así. Siguiendo el patrón histórico de Burke se revela que el intelectual se funde en torno a su clerecía, ese grupo de hombres sabios. En la Edad Media enseñaban en escuelas o universidades, pero también ejercían de tutores privados y estaban al servicio de generosos mecenas. Para alguno de ellos la enseñanza fue más destino fatal que vocación. Los hombres de letras («letrados») frente a los hombres de armas eran, en cortes como la española de Felipe II, expertos en Derecho que daban buenos consejos al poder. A medida que evoluciona el mundo, evoluciona el mundo de los intelectuales. En la Francia de 1600 se habla de la clerecía de escritores, en términos de «autor» y «escribano». Los profesores de universidad pasaron a formar un grupo aparte, especialmente en países de habla germánica. Y nació el sentimiento identitario, el poseer una identidad propia, con la creación de uniformes, títulos y galerías de retratos de profesores. Encarnaban, así, la autoridad intelectual.

Lo anterior fue motivo de conflictos. Desde mediados del siglo XVII hubo quienes atacaron la autoridad de los intelectuales, pues creían que engañaban a la gente empleando un lenguaje ininteligible para los profanos. Esa fuente de dis-

---

70 *Vid.* Burke, P; *Historia social del conocimiento, vol. II. De la Enciclopedia a Wikipedia*, Paidós, Barcelona, 2024 (1.ª edición: 2012), p. 275.

puta se mantuvo prácticamente hasta nuestros días, como ilustra el trabajo de Richard Hofstadter. En su obra señera, el historiador norteamericano destacaba que el intelectual vive para las ideas, pero convendría que algo le frenara a fuer de convertirse en alguien «obsesivo y grotesco».

Si viven para causas externas el intelecto se fanatiza. Es peligroso y muy dañino. Necesita contrapesos. Además, los intelectuales se mueven no tanto por alcanzar la verdad sino por encontrar nuevas incertidumbres. Así consiguen plantar su semilla. Hofstadter insiste: un exceso de dedicación del intelectual a la vida intelectual devendrá en rígido fanático mesiánico. Así las cosas, el intelectual como ideólogo es objeto de sospecha, resentimiento y desconfianza. Pretende dominar o destruir al individuo común. En su análisis, el historiador norteamericano señala cómo parecen oponerse por defecto a la derecha, de tan *contestatarios* que son desde la óptica moral y política. Es más, recordando el caso Dreyfus, el término «intelectual» se emplea como insulto por la derecha y como elogio por la izquierda. En EE. UU. lo utiliza por primera vez William James en 1899. A partir de ahí, los intelectuales americanos se afanan en defender causas «liberales, progresistas o radicales». Al intelectual se le llega a percibir como un peligro, pues pone todo en tela de juicio y a casi todo se opone: siempre hay un fraude más, una opresión más, una injusticia más, etc.

El experimento de la Universidad Wisconsin, de 1892, fue significativo. La «idea de Wisconsin» consistía en hacer a dicha universidad pionera en ciencias sociales (leyes, política, historia, artes) para proveer de guía práctica al mundo industrial y servir al Estado. Sería un proyecto apartidista y serviría a tales intereses, no a intereses propios. No suministraría ni propaganda ni ideología: solo información, conocimiento, técnica, y habilidades. Se logró reclutar gente válida y se elevó el nivel técnico de diferentes ramas gubernamentales. Se llegó a decir que la Universidad gobernaba el Estado. Y esto fue el principio del fin: los conservadores creyeron que la Universidad conspiraba contra ellos. Los hombres de negocios denunciaban sufrir la política progresista. Se elige a Phillip, quien comienza a lanzar denuncias anti-intelectuales contra los expertos de la Universidad, pues constataba que estos acababan por usurpar la política[71].

El repaso realizado hasta aquí nos conduce a Umberto Eco. Para el italiano, intelectual es todo aquel que produce nuevos conocimientos mediante su creatividad crítica. No debe actuar como miembro de un partido o escribir exclusivamente sobre problemas sociales, sino que, como mucho, podría apoyar una causa determinada. Para Eco, el auténtico rol del intelectual no es el presente sino el futuro. Su función es hablar con antelación en aras de mejorar algún aspecto de la vida. El ejemplo que pone roza lo insuperable. Si un poeta va a un teatro y de pronto hay un incendio, el poeta no se pone a declamar en pie desde su butaca, sino que debe llamar a los bomberos. La función del poeta hubiera sido anterior: «cuidado con ese teatro, porque es antiguo y corre peligro de incendio». La importancia reside en sugerir qué hacer, no en imponerlo[72].

Hoy día parece que resurge una cierta tradición anti-intelectual. Un desprestigio generalizado de todo «lo intelectual» y de «los intelectuales». Venimos de una creencia preponderante para occidente: la razón, el estudio y los expertos son mejores guías, pese a la aridez de la primera, el esfuerzo que exige el segundo o la arrogancia de los terceros, que sus opuestos: la sinrazón, la sentimentalidad desbocada o los ignorantes. Hablar hoy de expertos o de intelectuales ya no es un elogio sino una mácula. ¿Por qué surge esta tendencia? Son muchos factores, pero despunta uno: sus orígenes se pueden cifrar en mayo del 68, donde se criticaba la escuela y la universidad por ser instituciones «represivas», meros apéndices del «sistema»[73].

---

71 *Vid.* HOFSTADTER, R; *Anti-intelectualismo en la vida norteamericana*, Tecnos, Madrid, 1969, p. 35 y ss.

72 *Vid.* VV. AA.; *The Paris Review. Entrevistas (1984-2012)*, Acantilado, Barcelona, 2020, p. 2700 y ss.

73 *Vid.* QUINTANA PAZ, M.A; *Cosas que ha aprendido de gente interesante. Filosofía, política y religión*, Deusto, Barcelona, 2025, p. 96 y ss.

4.3. Aranguren y Guitton

Cultivar el conocimiento honesto conjura algunos peligros de las versiones más desbocadas de las ideologías (como ciertas tesis feministas en la actualidad, sin ir más lejos). Eso es lo que se pretende en esta sección. Para ello nos acompañaremos de las tesis de José Luis Aranguren y de Jean Guitton, pensadores de verdad sobre cuestiones epistemológicas (y sobre tantas otras que aquí no podemos abordar).

Comencemos con José Luis Aranguren[74]. Para el filósofo español, la misión del intelectual no es política sino moral, concretamente constituir la conciencia moral de la sociedad, dando voz a su parte minoritaria. Así se convierte en persona *solidariamente solitaria* y *solitariamente solidaria*, por emplear la propia nomenclatura de Aranguren. El intelectual es incómodo, un auténtico aguafiestas, pues siempre dice «no» a la injusticia. Por eso apenas se le admira. El intelectual se entrega plenamente a su oficio, sea cual sea, desde la racionalidad en aras de conquistar la verdad y la libertad. Procura despertar las conciencias de otros, más libertador que maestro. Como dijo literalmente: «intelectual es, pues, para mí, quien adopta una actitud en cuanto a los problemas sociales (...), que abarca la cultura, la religión (...) la política y la economía». En ese sentido, los cultivadores de las ciencias sociales son «forzosamente» intelectuales.

Así las cosas, el intelectual es tanto más importante cuanto más autocrático sea el sistema. Si uno es de veras un intelectual, Aranguren cree que tal cosa le priva de incorporarse al mundo de la política, directa o indirectamente. Igual que los revolucionarios no son intelectuales, pues no es intelectual quien lucha por el cambio social. Una cosa es el intelectual moral y otra el intelectual sociológico. Claro que Aranguren también dijo que la función política del intelectual es siempre ser de izquierdas y que los intelectuales de derecha serían rarísima excepción.

---

74   Las ideas expuestas se han tomado de ARANGUREN, J.L; *Filosofía y vida intelectual. Textos fundamentales*, Trotta, Madrid, 2010, p. 250 y ss.

En lo tocante al pensamiento de Jean Guitton, escritor y filósofo francés del siglo XX, glosamos sus ideas por si fuere útil para quienes estén tan perdidos (y a veces hastiados) como nosotros[75].

Guitton avisa: cada uno debe despellejarse en sus propios espinos. Le gustaría poder replicar la técnica del profesor de dibujo, a quien se ve actuar, murmura a la espalda, se pone luego en el sitio de uno y corrige *in situ* el esbozo realizado.

El maestro instruye porque invita a que seamos nuestro maestro interno. Tal y como dijo Aristóteles, la prueba saber algo es enseñarlo. Para eso, hay que seleccionar (no se puede saber todo ni saberlo a la vez) y aceptar servidumbres. No hay que temer dónde se llegará, basta con tener claro que se llegará. Muchas veces es el error el que da la gloria. Guitton se pone de ejemplo porque iba a algunos exámenes para «sondear la profundidad de lo que ignoro». Se preguntaba si las cuestiones que formulaba podría responderlas. Escribía en la pizarra máximas para educarse a sí mismo. Y es que el auténtico estudio voluntario es alimento para el alma.

Encarar cualquier trabajo es conocernos a nosotros mismos. Hacer un balance de lo que hemos trabajado de verdad: horas dedicadas, tareas satisfechas; en qué hemos acertado y errado. El sabio utiliza con elegancia lo que sabe. Somos legión los que nos vemos enfrentados al peor de los desasosiegos: no saber qué hacer. Cuando por fin lo sabemos, el alma se tranquiliza y finaliza la incertidumbre. Para el trabajo intelectual pleno ayuda el hecho de no intentar comprenderlo todo: *agárrate a un solo punto y haz piruetas a su alrededor*, aconseja nuestro autor.

La regla de oro para Guitton reside en prohibirse los medios trabajos o los medios descansos. O dedicamos cuerpo y alma a la tarea o descansamos por entero. El esfuerzo sostenido exige sus momentos de asueto. Pasados los veinte minutos, la cosa empieza a oscurecerse. Pasadas dos horas, la mente trabaja (conspira) contra sí misma.

---

75   GUITTON, J; *El trabajo intelectual. Consejos a los que estudian y a los que escriben*, Rialp, Madrid, 2018 (1.ª edición: 1951).

Respecto al lugar donde hacer el trabajo intelectual, cada uno tiene sus preferencias, manías y rituales. Guitton cree que el éxito de la tarea viene de emplear la luz natural y tener al lado cosas que nos resulten bellas, útiles, o ambas dos (Ruskin). Recordemos que auténticos titanes de las letras han conseguido ser quienes son a pesar de la vida que llevaron, no gracias a ella. Si la ayuda que nos proporcionamos proviene de nuestro interior, estamos en el buen camino. Partamos cuando queramos, no cuando todo esté listo, pues eso nunca acaba de suceder.

Para Jean Guitton, los profesores de universidad deben aprender a pensar y a escribir[76]. Uno de sus problemas estriba en que producen menos obras duraderas que otros que se han ganado la vida de las más variadas formas (ninguna de ellas «intelectual»). Sumérgete cuanto antes en el trabajo intelectual, dice Guitton, porque las circunstancias siempre conspiran en contra. Esas facturas por pagar, el colegio del niño, cómo está la política nacional, etc. Suprime toda preparación y zambúllete. La tentación no consiste en el mal sino en su sonrisa.

No pensemos demasiado. Actuemos. A medida que escribimos, sabemos lo que queremos decir (no antes). La frase del escritor vale mucho más cuando no existe previamente y utiliza el lenguaje sobre la marcha. Mejor un esquema que un plano. Redactemos a pecho descubierto. Reflexionemos primero y, hecho eso, lancémonos de golpe a la aventura escrita. El proyecto es flexible y libre, debe estar dispuesto a contraerse y expandirse, asumiendo obstáculos y meandros. Aceptemos con sorpresa. No busquemos demasiado. Elimina. Simplifica. Mira desde otro ángulo. Utiliza la experiencia ajena.

Ni hay que pretender leer todo ni hay que dejar de leer. Muchos buenos autores ya han leído a tantos otros y podemos acercarnos vicariamente a su obra, observando qué

---

76 «Con profesores satisfechos de su docencia, de sus clases, y de lo mucho que saben, no hay nada que hacer. Sólo aprende aquel que está dispuesto a cambiar». Certeras palabras las de Nubiola, J; *Invitación a pensar*, Rialp, Madrid, 2019, p. 154.

patrón se repite y qué ideas resaltan. Todo trabajo es necesariamente imperfecto. Necesitamos descansar, para refrescar el cerebro y dejar que el texto madure. Es más fácil corregir que crear, por eso una mala frase vale más que una página en blanco. Coge materia y ensúciate las manos. Como recomendaba Stendhal: *escriba usted una o dos horas al día, con ingenio o sin él.* ¡Ah, el placer de ver tu obra impresa sin el temor de que la lean! Parece que Guitton vislumbró lo que iba a ser el trabajo universitario, pues hoy día las gentes universitarias apenas leen nada (así lo confiesan varios colegas en conversaciones de pasillo).

Víctor Hugo decía que la mejor manera de corregir un libro es escribir otro mejor. Creo entender lo valioso de esta visión, pues hay que dejar correr la pluma, fiándose de ella como de un potro, perdonándole las coces y las sacudidas con tal de que tenga sangre. En tu mente el libro ya está escrito, solo debes encontrar las palabras adecuadas y ponerlas negro sobre blanco. Acabado lo que Guitton llama «el monstruo» (el borrador), hay que separarse de él y dejar que el tiempo haga su trabajo para que la obra se componga y ordene a sí misma. Sobre todo, no debemos forzarla por impaciencia. El tema se va componiendo lentamente en la cabeza. Y luego en el papel. Quien hace muchos esfuerzos en esta fase trabaja en su propia contra, decía Alain. Cuando estás dentro del círculo creativo, en plena espiral de vis creativa, la cabeza aprovecha casi todo, aunque a corto plazo no lo notemos.

No debemos preocuparnos por los agobios. Los principales literatos estuvieron repletos de problemas, deudas y falta de tiempo. Por raro que parezca, este tipo de cosas no van mal de todo, pues nos pone en marcha y logramos cosas que, de otra manera, ni siquiera imaginamos. Si tienes hambre y eres escritor, escribirás mucho. ¿Por qué si no Valéry dijo aquello de que *no hay libros terminados sino abandonados*?

Cuando tengamos el bloque, el monstruo, toca pulirlo. ¿Cómo? Desecha desde el minuto uno la idea de la perfección. Sacar adelante el proyecto, sí. Intentar que sea perfecto es romperte la cabeza para nada. ¿Cómo sacar el jugo? Léelo. Localiza lo que hable del mismo tema. Ordénalo conforme a dicho patrón. El pensamiento es musical, suenan algunas notas y otras no. Muchas veces el problema no es la falta de ideas, sino que hay demasiadas y el libro naufraga porque lo cuenta todo. Hay que escoger una y desarrollarla en profundidad.

Un gran número de reglas es, como decía Descartes, una excusa para la pereza. La mente es muy astuta y siempre se las arregla para hacer esas cosas. Las reglas, además, solo valen si se aplican en la práctica. En suma: para hacerse comprender, dí solo una cosa cada vez. Se escribe como quien teje labores: *punto por punto*. Para hablar a los hombres hay que contarles lo mismo de diferente manera. Así conseguimos que dejen de pensar en «el fastidio de luchar y morir».

Condición indispensable para andar es caer antes. La auténtica manera de corregirse es dormir y volver a empezar. Lo perfecto en el hombre viene por contraste. Por eso Bergson dijo que, si un libro de doscientas páginas contiene diez instructivas, deberíamos agradecérselo al autor y hacer como si no se hubiese escrito el resto. Hasta los mejores tienen pensamientos pobres (y los buenos han sido escogidos entre estos). Las perlas se encuentran rebuscando en el barro.

Sobre la lectura y la sed de libros, Guitton amerita que conviene no cegarse y mucho menos pretender leer todo. Recuerda que cualquier libro tiene «material aglomerante» (Descartes). Nuestro autor piensa que un libro auténtico debe surgir de la necesidad, igual que una lectura auténtica debe surgir del hambre y del deseo. Tengamos en cuenta que «el empacho» de libros también fue criticado por los adalides de las nuevas formas de comunicación globales (McLuhan), pues entendían que eran una tiranía sobre nuestro pensamiento y sentidos. Un debate muy presente a día de hoy respecto de Internet, donde la lectura fragmentaria es la regla[77].

Deberíamos escribir libros porque estamos convencidos de que vamos a contar algo que nadie más podría. Pero recordemos que no todas las partes de un libro son igualmente atrayentes o nutritivas. A veces escribimos secciones abu-

---

[77]   *Vid.* Molina, C.A; *La caza de los intelectuales...*, p. 479 y ss.

rridas, desagradables o monótonas. También faltan cosas, sobran frases, o hay silencios que al lector se le antojan intolerables. En fin, el que conoce la génesis de un libro siente piedad por los libros y sus autores, perdonando muchas cosas. Disraeli, después de cada experiencia política, escribía una novela. No tanto para sus lectores sino para él mismo, para comprender desde la ficción lo que acababa de pasarle. Quizá de ahí estas líneas, para comprender en qué consiste ser profesor de universidad en el siglo XXI.

Guitton aconseja leer novelas para conocer el sentido de nuestra vida y de las que nos rodean; así nos daremos cuenta del embrutecimiento que encierra lo cotidiano. Cosa fundamental es no tratar de comprenderlo todo, pues dicha actitud acaba por estropear la lectura. Escribamos concreto, conciso y breve. Nada de lenguaje abstracto, esa música interior que se auto engendra fácilmente. Busca los momentos donde el autor del libro se traiciona (siempre los hay) pues ahí reside su auténtico pensamiento. Todo hombre es religioso, en la medida en que es capaz de atención y silencio. La primera vez, lee con inteligencia. La segunda, con fe.

Lamartine decía «pon un espejo en tu vida». Y así era como escribía todo lo que había hecho a lo largo del día. Consagrar una hora a registrar tus impresiones, al examen silencioso de tu conciencia. Cuando rubricamos alegrías o penas nos citamos para el futuro y así decir: «¡por esto me alegré!» o «esto fue lo que me entristeció». Guitton supone que si bastase ser sincero para ser original, todos seríamos artistas. La ventaja de este tipo de cuadernos es facilitar la operación tan agradable del recuerdo (Virgilio). Recordar no es acordarse, igual que el resentimiento no es sentimiento.

Si no dejásemos escapar nada de lo que vemos tendríamos material para varias novelas. Para el auténtico novelista no hay minucias ni realidades insignificantes. No puede escapar, a juicio de Guitton, del texto que ha escrito, es su prisionero. Se está siempre mejor para uno y para los demás cuando se lucha de espaldas a la pared. La mejor clase que dio Guitton, según sus propios alumnos, fue una que no pudo preparar, sacando ideas de sus entrañas.

Para qué escribir se pregunta el francés. Para pensar, para sacar fuera lo que llevamos dentro. Para ganar seguridad de que lo pensado permanecerá para nosotros y para los demás. Para moderarnos, pues el pensamiento discurre más lento que la muñeca. Para aliviarnos. Por algo los principales tiranos lo primero que hacen es confiscar las plumas. Pero insiste: no multiplicar las anotaciones. Las fichas deben ser pocas, aunque buenas. Un conocimiento que no puede relacionarse con otros conocimientos no vale para nada. Si no nos sirve ¿para qué sirve?

También reflexiona sobre el método de trabajo. Lo primero de todo es convertirse de nuevo en discípulo, pues estamos aprendiendo. Lo segundo es analizar a conciencia el método seguido hasta ahora. Examinar con detalle todas las fases del trabajo intelectual para evaluar el trabajo realizado. Para eso, conviene guardar el amor propio y el orgullo en el bolsillo y juzgarse con toda honestidad y severidad.

Cuando demos una conferencia, no cree aconsejable ni sabérsela de memoria ni escribirla, asegurándonos «contra los accidentes del discurso», pero a la vez renunciando al encanto y a la utilidad de la palabra. Triunfar consiste en acostumbrar a la gente a nuestros defectos. Los conferenciantes se preocupan demasiado por cosas como hablar mal o equivocarse. Solo se les pide ser ellos mismos. Lo que no perdona el público es la falta de naturalidad, por eso nos absuelve de nuestros defectos, siempre que no tratemos de ocultarlos. Al fin y al cabo, todos humanos.

En una clase se busca la comunicación del pensamiento, el espíritu y no la letra (esta suele ser estéril por sí sola). Incluso más que la palabra, el público desea ver con sus propios ojos al personaje al completo: gestos, ademanes, forma de vestir, de moverse, de pronunciar; sus defectos, en pocas palabras. Guitton cree que deberíamos conservar nuestros desperdicios y tener un cajón con los borradores, ideas, restos y demás *despieces*. De ahí a veces puede surgir vida, especialmente si brotan de nuestro interior más profundo.

Una de las cosas más difíciles es hablar al corazón. Pascal lo hacía con el suyo propio cuando escribía, para anotar qué sentía. Flaubert leía en voz alta la frase que acababa de escribir. Buscar la composición es acercarse a la verdad, nos dice Guitton, como también que la primera condición para gustar es no aburrirte. Así lograrás no aburrir a los demás. No pierdas el tiempo buscando «lo mejor». Ni el mejor libro, ni el mejor amigo, ni el mejor manual. Un viejo maestro respondió a un alumno que le preguntaba por el mejor manual: *amigo mío, es el que usted tiene.* ¿El mejor pensamiento? El que te visita. El que acude a ti. Préstate a los juegos necesarios que imponga tu trabajo, pero consérvate para ti mismo. Lo importante es permanecer por encima de tu trabajo. Utilízalo. Ama lo verdadero. Haz gozar al alma en medio de la faena. Es sabido que componer un libro lleva mucho tiempo y esfuerzo (incluso si el libro no es bueno). Por eso cualquier escritor, también el académico, tiende a asumir que su creación tiene cierta validez general, lo que hará que se moleste cuando alguien cuestione o desbarate esta suposición[78].

4.4. Sowell y Ovejero

Thomas Sowell es un distinguido representante del mejor liberalismo norteamericano (entendido como libertad, no como intervención). En un libro de 1987 exponía las diferentes visiones que tenían los académicos yanquis y detectó dos grandes modelos: la visión restringida y la visión no restringida. La primera se identifica con libertad, mesura, prudencia, experiencia, práctica, tradición y pragmatismo. La segunda hace lo propio con la igualdad, el arrojo, la justicia, la ingeniería social, y el intervencionismo público a gran escala[79]. Dicho en términos actuales: la primera ofrece elementos para que la persona pueda formarse su propia convicción mientras que la segunda obliga a pensar de una determinada manera. Así, la función del profesor en el primer caso es aportar guía y método, mientras que los profesores del segundo ejemplo se convierten en «agentes activos para crear un mundo

---

78   Las palabras son de Wilson, E; *Obra selecta*, Lumen, Barcelona, 2022, p. 895 y ss.

79   *Vid.* Sowell, T; *Conflicto de visiones. Orígenes ideológicos de las luchas políticas*, Gedisa, Buenos Aires, 1990.

social diferente con un nuevo tipo de ser humano». En otras palabras, la ingeniería social propia de quienes enseñan a ser igualitarios, feministas, multiculturales y sostenibles, entre otras muchas cosas[80].

Según Sowell, incardinado en la primera, hay más inteligencia en nuestras normas de conducta que en nuestros pensamientos sobre el entorno. Aunque sean los pensamientos «más elevados». Los ciudadanos no tenemos que crear nuevas leyes sino enunciar las que hay. Basarnos en la experiencia, dijo Oliver Wendell Holmes, es basarnos en la experiencia de las generaciones que nos precedieron, en la vida de los hombres que un día fueron. Autores como Dworkin, situados en el polo opuesto, llegaron a decir cosas como que una sociedad igualitaria es una sociedad mejor, aunque sus ciudadanos prefieran la desigualdad. Con amigos así, quién quiere enemigos. Como Sowell indica, ese planteamiento traduce la imposición desde la desigualdad (la altura intelectual de Dworkin, *of course*) de una igualdad que ignora olímpicamente los méritos y limitaciones de los individuos.

La visión no restringida presenta un cuadro de locuacidad, verborrea, logorrea, «razonamientos» y «argumentos» que son expresión habilidosa ora de pintura, ora de exageración, artificios para alterar la naturaleza y el sentido obvio de las palabras. Para quienes defienden la visión restringida, la inarticulada experiencia social es la guía más eficaz para la conducta pues basta saber cómo actuar de acuerdo con las reglas. Un intelectual no goza de ventaja alguna sobre el hombre común. Un huertano es más prudente con los asuntos de su casa que un ministro con las de todos.

La visión restringida cree que el proceso de selección se guía por el éxito espontáneo, que a su vez es el resumen de todo lo que ha pasado antes y llamamos «evolución». La brillantez individual nunca podrá alcanzar la espontaneidad pragmática destilada durante siglos de experiencia. La visión no restringida (Veblen y compañía) cree que todo se puede dirigir y controlar y que no hay dificultades intrínsecas

---

80   *Vid.* Villanueva, D; *El atropello a la razón*, Espasa, Barcelona, 2024, p. 164 y ss.

en dicha empresa, negando de paso la sabiduría tradicional (que si algo demuestra es, precisamente, lo sabia que es).

La visión no restringida busca superarlo todo mediante «la solución». La restringida busca la transacción, la lealtad, la Constitución y la patria. Las personas estamos sujetas a reglas que olvidamos o cuyo origen desconocemos. Un individuo civilizado puede ser ignorante y recibir grandes beneficios de la civilización en la que vive. Es un profundo dislate creer que podemos desarmar la vasta sociedad en la que vivimos. Por algo decía Burke eso de «descuartizar un cuerpo a hachazos y arrojar los pedazos al caldero de los magos». Las naciones pueden crecer y evolucionar, pero no se pueden construir *ex nihilo*.

En tiempos recientes Sowell ha reforzado sus tesis, con una argumentación sólida, plausible, veraz y comprometida. Nuestro autor parte de la base de que algunos conocimientos son más relevantes que otros, variando en función de las circunstancias específicas[81]. Esto es, saber dónde estaba el iceberg si uno comandaba el *Titanic*. O saber dónde se habían afincado los españoles en Buenos Aires a principios del siglo XX. Ese es el conocimiento práctico, nada que ver con el teórico-intelectual. Nada que ver con un Rawls, que abogaba por organizar la sociedad conforme a los resultados que determine el Gobierno de turno, no en base a las decisiones que los individuos tomen sobre sus propias vidas. «Un tonto sabe ponerse su abrigo mejor que un sabio que lo hace por él», según reza el dicho popular.

Hayek nos ilustró: el conocimiento no solo es información articulada sino también inarticulada, respuestas que damos a realidades conocidas. Hemos adaptado nuestro comportamiento a la vida de verdad, eliminando lo que no funciona y conservando lo que sí. Nadie conoce todo lo que hay que saber para fabricar...un lápiz de mina. Son cadenas de información y cooperación transmitidas en base a precios, eso es el mercado. Así se preserva la libertad de millones de perso-

---

81   *Vid.* Sowell, T; *Falacias de la justicia social. El idealismo de la agenda social frente a la realidad de los hechos*, Deusto, Barcelona, 2024.

nas, en lugar de permitir que unos pocos pretendan sustituir dicha libertad por la «justicia social».

Resulta palpable que no todos comparten esta visión, desde el propio Rawls, hasta Godwin, pasando por Dewey o Rousseau. Para este tipo de pensadores, el conocimiento relevante es el de las personas más avanzadas intelectualmente. Godwin dijo que la *sociedad justa* se encuentra en las mentes de las personas educadas y reflexivas, confiriéndoles el rol de «guías e instructores del pueblo». Personas que debían influir en los gobernantes. Stuart Mill también estaba en esa línea. Curioso era que tales ideas se desarrollaban a la par que la revolución industrial en la Gran Bretaña del siglo XIX, liderada por personas con experiencia práctica en la industria, no por tener títulos universitarios o educación intelectual específica. En EE. UU., personas como Edison o Ford ilustraban esta premisa: líderes indiscutibles en la empresa y apenas instruidos en la educación formal. Como dice Sowell: el primer avión que despegó del suelo con humano a bordo lo crearon dos mecánicos de bicicletas, los hermanos Wright, quienes jamás acabaron la secundaria.

Hayek y Friedman lucharon contra tales intelectuales, que reclamaban para sí y los suyos importancia e influencia sobre los decisores. Ya lo dijo Friedman al recibir el Nobel: la atención es halagadora pero también corruptora, porque genera sentimientos de omnipotencia. Esos premiados que se pasan la vida pontificando lo que debiera hacerse todos los meses. Uno se acerca al pensamiento de Keynes al respecto y es pavoroso, repudiando como repudiaba «por completo» la responsabilidad personal de obedecer reglas generales, entre otras lindezas.

Sowell es un firme defensor de los hechos, de las consecuencias a las que nos vemos abocados por ciertos intelectuales cuando proponen ideas que el poder político lleva a cabo. Moralizar sin atender a los hechos suele ser la nota común de esos «intelectuales», ajenos por desidia o ignorancia al daño que causan. La gente corriente conoce mejor sus propias circunstancias que las élites intelectuales. Estas provocan lesiones catastróficas. Establecen obligatoriamente un salario mínimo y eso hace que aumente el paro y la economía sumergida, así como cierta delincuencia. Y no pasa nada. Prohíben *prestamos exprés* y dejan sin opciones financieras a personas pobres que no pueden conseguir dinero de otra manera. Así es como «los sustitutos» se subrogan en la posición de seres de carne y hueso y les vienen a decir: conocemos tu vida mejor que tú y sabemos mejor que tú lo que te conviene. Destrozo asegurado. Una vez más. La educación sexual de los hijos debe hacerse en la escuela, no en casa. ¿Resultado? Se triplicó la tasa de gonorrea y la cadencia de reducción de la sífilis se detuvo.

Sowell recuerda que la palabra «crisis» significa una oportunidad de oro para que las élites intelectuales hagan cumplir su agenda. Las cruzadas sociales siempre han ido de eso: modelar a tus hijos mediante el control de lo que entra en sus mentes. Wilson llegó a decir que su tarea como rector de Princeton era que los jóvenes de las nuevas generaciones se parecieran lo menos posible a sus padres. Dewey deseaba modelar las mentes juveniles, no mejorar su comprensión en matemáticas o química. La élite intelectual iguala resultados gracias a la élite intelectual, sin pruebas ni hechos que sustenten sus tesis. Jamás evalúan los resultados reales de sus políticas. *Casualmente*, todos ellos despreciaron frontalmente a la gente común. Como Roscoe Pound, que defiende con ardor el activismo judicial sin explicar cómo y por qué los jueces están obligados a hacer política social. Este tipo de persona cree que como su idea es la buena, es lo que debe hacerse. Sin hechos que lo respalden, más allá del asentimiento de quienes son como ellos. El Tribunal Supremo norteamericano creó nuevos derechos que no estaban en la Constitución en la década de los sesenta (entre ellos, la conocida y cinematográfica «Ley Miranda»). Los beneficiados fueron los delincuentes. ¿Resultado? La tasa de homicidios se duplicó en los siguientes diez años, señaladamente dentro la comunidad negra.

Así las cosas, Sowell dice algo acertado y lacerante a partes iguales:

> «Los jueces del Tribunal Supremo con mandato vitalicio son ejemplos clásicos de élites que institucionalmente no pagan ningún precio por equivocarse, sin importar cuán equivocados estén y por muy alto que sea el precio que paguen los demás»[82].

---

82   *Vid.* Sowell, T; *Falacias de la justicia social...* cit, p. 129.

Cada uno de nosotros tiene su islita de conocimiento dentro de un mar de ignorancia. Y no hay isla tan grande como el mar. De lo que deben convencerse las élites intelectuales es de que son ampliamente ignorantes en casi todo (como los demás, vaya). Deben asumir que otros les corrijan, pues así es como se evitan grandes daños. A veces es necesaria toda la brillantez de alguien para generar una verdadera catástrofe. En palabras de Trilling: debemos ser conscientes de los peligros que encierran nuestros deseos más generosos.

Aceptemos que las circunstancias que escapan a nuestro control son factores importantes de desigualdad. Ser el hijo mayor o menor. Nacer en esta o aquella generación. Lo que otros llaman justicia social pareciera justicia cósmica, pues eso es precisamente lo que haría falta para lograr los resultados que buscan los *justicieros sociales*. Nuestros ideales no dicen nada sobre nuestras capacidades. Nuestros ideales no deben cegar los límites que tenemos ni eludir el peligro de sobrepasarlos.

La idea clave de Hayek era que el conocimiento esencial para que la sociedad funcione está diseminado en millones de personas y procesos. Nadie lo tiene por completo. Para que funcione dicha sociedad se exige que se coordinen millones de personas con millones de fragmentos de conocimiento relevante. De ahí su elemental oposición a cualquier tipo de sistema de control centralizado. ¡¿Cómo va a ser la sociedad responsable moral del destino de sus habitantes si nadie tiene los conocimientos necesarios para soportar dicha responsabilidad!? Hayek no creía que los *justicieros sociales* fueran estultos, sino que sus propuestas estaban desenfocadas y corrían el riesgo de resultar muy dañinas. Perseguir por la fuerza la igualdad destruye la libertad, como recuerdan los Hayek, Friedman y Sowell del mundo.

Tales *justicieros sociales* suelen olvidarse de que las ventajas de algunas personas no solo son desventajas para el resto: pueden ser también ventajas de las que nos beneficiamos todos, al menos aquellos que pagan por el producto fruto de ese esfuerzo. La economía de mercado tiene esas cosas: los nuevos avances oscurecen, hasta eclipsar, esos bienes o servicios que ya no son los mejores. Aceptar que los pobres mejoran su vida gracias al progreso que generan quienes se enriquecen es puro anatema para nuestros *justicieros*. O lo que sucede en la educación: ¿de qué sirve tener las respuestas hoy para las preguntas del ayer? Adoctrinar es lo contrario a educar, porque hurtamos a los estudiantes la capacidad de comprensión, análisis y crítica, tan necesarias. Educarles en los principios de la justicia social (ideología feminista, o transgénero, o cambio climático: lo que toque cada día) solo garantiza que queden a merced del gobernante demagogo de turno. La santidad no es la norma en ningún ámbito humano precisamente porque somos humanos: no tenemos derecho a atribuir poder a personas que no responden por los errores que cometerán al ejercerlo. Y esos errores cada vez son peores y cada vez pesan más.

Aunque Sowell lo circunscribe a la cuestión del racismo, su visión es casi universal cuando anota que se sale de la pobreza por decisiones individuales de millones de personas corrientes que, gracias a su iniciativa, la dejaron atrás. Dicha salida tiene poco que ver con líderes carismáticos, intervención pública, élites intelectuales o medios de comunicación afectos. La discriminación positiva rara vez beneficia a las personas auténticamente pobres. Las prestaciones van a parar a los miembros más prósperos, a los que están arriba, dentro de «su» minoría. ¿La realidad? Que los estudiantes que pertenecen a minorías se utilizan como escudos humanos para proteger intereses institucionales (las Universidades privadas norteamericanas mantienen el deporte universitario para recibir la subvención federal de turno). Como dijo el Juez Holmes: pensemos en cosas, no en palabras. No nos desviemos. No hablemos de retórica. Hablemos de las realidades de la vida.

Creemos que en el mundo del saber y el conocimiento existen ideas circulando que no guardan relación alguna con el saber y el conocimiento sino con la ideología más pedestre. Pretenden hacer pasar por verdades nociones que son máximas y soflamas. El sistema «heteropatriarcal», la «opresión de la normatividad», la necesaria «paridad», un sinfín de conceptos abstrusos y abigarrados que no explican la realidad que pretenden nombrar (a lo peor porque esa maléfica realidad, en verdad, no es tan maléfica)[83].

El feminismo y sus derivas ideológicas son precisa y justamente eso: derivas ideológicas. En ese sentido, no son ni mejores ni peores que otras coordenadas ideológicas, sino que se integran junto a ellas en el mercado de las ideas. Habrá personas que las harán suyas y habrá otras que no. Si sucede tal cosa no significa que estemos en presencia del fascismo ultramontano que nos quieren hacer creer. Estamos, lisa y llanamente, ante una opción a escoger por quien sea convencido. No tiene sentido verlo de otra manera, salvo que el objetivo sea el proselitismo más descarnado.

En ese marco Sowell advierte que muchas de las «evidencias» que se presentan para reforzar los argumentos solo son números *cocinados* a los efectos. Mientras unos defienden teoría, la vida demuestra que solo vale la práctica. No somos lo que decimos, lo que pensamos o lo que sentimos: somos lo que hacemos. Y si una comunidad humana hace lo que hace es porque viene haciéndose durante siglos, fruto de la evolución y de que funciona. Cambiar las cosas desde la teoría no condujo nunca a nada bueno.

Sowell cita con profusión a Hayek, un pensador que destruyó los cimientos —no eran muy sólidos— del comunismo. Nuestra civilización depende de un amplio orden de cooperación humana, un orden espontáneo, que suele denominarse con el «poco afortunado nombre de capitalismo»[84]. Ese orden no intencionado es superior a cualquiera creación intencionada porque funciona. Por supuesto, los intelectuales de izquierda creen lo contrario. Consideran, indubitadamente, que se les debe a hacer caso a ellos y no a un orden que lleva funcionando miles de años. Creen que la ventaja y virtud provienen de una decisión premeditada y ejecutada. Al intelectual que Hayek tiene en la cabeza siempre le mueve

---

83 *Vid.* Rubio Marín, R; y Salazar Benítez, O; *El orden de género de la Constitución española. Lecciones del pasado y propuestas de reconstrucción paritaria*, Comares, Granada, 2024.

84 Esa denominación se emplea en Hayek, F; *La fatal arrogancia. Los errores del socialismo*, Unión Editorial, Madrid, 2010, p. 100 y ss.

el estar al lado de la razón y del avance científico, pero nunca advierte (y si lo hace, calla), que subsisten importantes parcelas del conocimiento que nada tienen que ver con procesos previos de laboratorio, por más que venga de gentes sedicentemente sabias o, perdón, intelectuales, expertos en la reventa de ideas, según expresión insuperablemente *hayekiana*.

Hayek defiende la moral porque es reserva acumulada de información cultural. Por eso muchos revolucionarios de medio pelo no dudan en arramblar con todo a la menor ocasión y por eso fracasan sin remedio: porque van contra siglos de aprendizaje evolutivo. Puro constructivismo hueco e insustancial pero que, si le dejan, pretenderá cambiar la sociedad por completo en un abrir y cerrar de ojos. Necesitan una nueva moral, que suele coincidir con la moral de los tiempos que corren para nuestro caso (feminismo, LGTBIQ, ecologismo, etc.). Hay que impedir la moral tradicional a toda costa, esa que se ha mostrado razonablemente duradera a fuerza de funcionar. Siguen sin darse cuenta de que la auténtica vida en común solo es posible si se aceptan tradiciones (aunque no se percaten de que lo hacen) cuyos efectos nunca se podrá aprehender del todo. La realidad es inconmensurable y, en ese sentido, inaprehensible. Amoldarlo todo a los deseos del momento solo trae desgracias y catástrofes. Es imposible «hacer justa» la realidad, porque sus resultados son por definición independientes de lo que hagamos o queramos.

Pongamos por caso el feminismo. El argumento feminista podría adscribirse a la justicia social o distributiva, que es tanto como decir a la idea de que cada persona debe recibir lo que moralmente merece, extremo que, va de suyo, carece por completo de sentido en un orden extenso de cooperación. Los merecimientos morales no pueden establecerse objetivamente. Por eso las feministas suelen fracasar cuando tratan de convencer al escéptico sin carné en la boca de la «necesidad» de su argumentario. Es mera ideología apenas disfrazada por quienes llegan al poder, para continuar en él o poner a alguien parecido. Los excesos de ese oxímoron llamado ciencia feminista han sido desenmascarados hace lustros, y no solo por sus detractores sino por científicas que se declaran feministas (Susan Haack, feminista y epistemóloga, que no epistemóloga feminista) y por autores que se declaran, además de feministas, «rojillos» (Alain Sokal se autodenomina así)[85].

Hablando de Sokal, apoyándose en el trabajo del matemático y filósofo inglés William Clifford, recalca que cuando llevamos a cabo una acción esta es buena o mala para siempre. En otros términos: las promotoras de la perspectiva de género ya no pueden meter al genio en la lámpara. Si hacemos valer a toda costa la idea provocará inevitablemente daños severos. Esa idea, incluso si no se traduce en hechos patentes, se almacena para servir de guía en el futuro. Esto demuestra que las creencias no son meramente privadas, dado que las generaciones actuales las enuncian y las futuras las heredan. Si es una mala creencia, todos la sufrirán. Es más, Sokal arguye que el mayor perjuicio social no proviene de creencias concretas equivocadas sino de la proliferación de hábitos generales de pereza intelectual, conducentes a perder autocontrol y capacidad de juicio.

¿Queremos que cosas como el constitucionalismo feminista sea una ciencia? Apliquemos los criterios de la ciencia. Exijamos datos verificables y contrastables. Pidamos hechos. Demandemos hipótesis demostradas empíricamente. ¿Cabe en ellas la «sororidad»? ¿Y la perspectiva de género? ¿Y la *alteridad sexual poliamorosa*? ¿Y las *violencias machistas* (nótese el plural que la academia feminista emplea para que subliminalmente no podamos desligar al hombre de sus muchos comportamientos asilvestrados)? ¿Son conceptos científicos? ¿Serían conceptos aceptados por los cánones científicos? Todos sabemos la respuesta.

Vayamos por lo derecho y partamos de la base de que el constitucionalismo feminista es en buena medida académico, es decir, proviene de profesoras de Universidad que se

---

85   El término entrecomillado lo emplea Sokal en un estudio de lectura obligada que, nos tememos, apenas conocen las feministas académicas. *Vid.* Sokal, A; *Más allá de las imposturas intelectuales. Ciencia, filosofía y cultura*, Paidós, Barcelona, 2009, p. 157 y ss.

dedican (ejem) al Derecho Constitucional. Por lo tanto, concedamos que su trabajo, quizá también vocación, es ofrecer argumentos intelectuales que defienden sus ideas feministas. Por lo tanto, podemos hablar (ejem) de intelectuales. ¿Cómo funciona el mercado de los intelectuales? ¿Podemos fiarnos de los productos que nos intentan colocar?

Responderemos de la mano de Félix Ovejero, pensador de fuste, quien ha dedicado uno de sus mejores libros (y tiene muchos de extraordinaria calidad) a reflexionar en profundidad sobre la cuestión[86].

Ovejero cree que nadie sabe en qué consiste eso del «compromiso de los intelectuales». Suelen verse como depositarios de las esencias de la democracia desde «fuera» de la propia democracia, una aristocracia vigilante y dirigente que tutela el buen funcionamiento de la sociedad. Pero a Ovejero le surge una gran duda, que es el vehículo conductor de sus páginas: cómo reconocer la calidad del producto y de los productores.

La primera rareza tiene que ver con el egotismo: si antes importaba la obra, ahora se entroniza al autor y su vida, obra y milagros. La segunda rareza tiene que ver con el peculiar juego de incentivos que el intelectual adquiere: protagonismo político, relevancia mediática, y acceso a nuevas formas de ingresos, por citar tres. Es decir, un mundo en las antípodas del quehacer discreto y paciente del mejor trabajo intelectual. Entiéndase bien lo que Ovejero recalca: no es un problema de calidad moral sino de debilidad en sus quehaceres, del oficio en sí mismo, que no inspira confianza porque es imposible de tasar.

Al calor del *caso Dreyfus*, Brunetiere pudo decir que las aptitudes intelectuales tienen un valor relativo, en el mejor de los casos. Más importantes son el temple de la voluntad, la fuerza del carácter, la seguridad del juicio, y la experiencia práctica. Como se ve, el criterio de Hayek nos ha perseguido durante décadas, solo que algunos decidieron mirar para

---

86   Nos referimos a Ovejero Lucas, F; *El compromiso del creador. Ética de la estética*, Galaxia Gutenberg, Barcelona, 2014.

otro lado. La autoridad en una actividad no concede crédito ni garantiza que se pueda opinar de todo con solvencia. Que una sea profesora de Derecho Constitucional no le otorga especial legitimidad para pontificar sobre la necesidad del feminismo, salvo que tenga su orden de prioridades acomodado a una agenda política e ideológica que importa más que la propia Constitución.

Esto resulta palpable cuando los intelectuales creen ser guardianes de la democracia y directores espirituales de las sociedades, que dicen lo que está bien y lo que está mal y pretenden que los demás se acomoden sin rechistar a sus dictados[87]. Una suerte de tribunal *contramayoritario* auto investido de tamaño poder sin elección ni discusión. Sin legitimidad de origen y sin apenas legitimidad de ejercicio (en el mejor de los casos, derivada de una presunta calidad moral avalada por la supuesta calidad de su trabajo). El problema reside en que los propios intelectuales no saben si lo que hacen es bueno o no, por eso son de poco fiar cuando opinan sobre los asuntos de todos. Si uno se fija con atención verá que son aquellos cuyas labores son menos controlables los que más anhelan que se les haga caso y, por ende, los más peligrosos. Se escucha más a un sociólogo que a un demógrafo, mientras que el primero puede ser un mero opinador y el segundo un científico con contribuciones empíricas, tasadas y controladas. Pesa más el criterio del tramposo que el del riguroso.

Siguiendo el estudio de Richard Posner sobre los intelectuales comprometidos, Ovejero anota cómo el jurista norteamericano trata el asunto como un mercado más, que funciona con oferta, demanda e incentivos. Si el dinero y la bondad apuntan en la misma dirección siempre habrá dudas sobre la honestidad de los motivos. Las decisiones morales y el coraje empiezan justo cuando hacer lo que creemos que debemos hacer tiene un coste real, en un sentido o en otro.

---

87   *Vid.* CARABANTE, J. M.ª; «Eric Voegelin y los orígenes espirituales de la política» en DEL PALACIO, J.; GRAÍÑO, G; *¿Atenas y Jerusalén? Filosofía y Religion desde 1945.* Tecnos, Madrid, 2022, p. 67 y ss; y CARABANTE, J. M.ª; *Orden político, derecho e ideología,* Dykinson, Madrid, 2025.

Posner dirá que los intelectuales responden a los estímulos económicos como cualquier hijo de vecino. Esto es, son calculadores egoístas que escriben sobre asuntos fuera de su especialidad y en formatos donde no operan los sistemas de reconocimiento y penalización propios de las comunidades científicas. Y si lo hacen, esa comunidad tiene más de ariete ideológico y político que de ciencia (los llamados *estudios de género*, sin ir más lejos)[88]. Posner se ceba con los intelectuales jeremíacos, esos que lloran decadencias y anticipan Apocalipsis. En ese contexto, los consumidores de información están vendidos porque no pueden medir la calidad del producto que adquieren y tienen que fiarse de lo que les cuentan. De nuevo: ¿cómo tasamos una medida como la perspectiva de género? ¿Cómo saber si estamos ante una idea de calidad o no? ¿Por qué deberíamos hacer caso de quienes la promueven y, cuando pueden, la imponen? Inventos como la rueda y el fuego son un avance para la humanidad, por eso los mantenemos entre nosotros. La perspectiva de género —o la *necesidad* del constitucionalismo feminista, o la *urgencia* de combatir *las violencias machistas*: todo es lo mismo— funge como camelo. Acaba por suceder que el producto malo, el menos elaborado y costoso, es el más común.

Posner anotó que buena parte de los llamados intelectuales eran académicos, lo que, a su juicio, deteriora la cultura pública. En otros tiempos, quienes se ganaban el pan con sus libros trabajaban sin red. Se esmeraban porque no tenían otra manera de llevar el plato a la mesa. Pero hoy, que viven bien gracias al trabajo en la Universidad, opinan de todo sin recato. Un académico tiene bastante tiempo, nada que perder, y una voracidad de hacer que los demás se comporten como él dicte que le convierte en oferta barata, siendo legión los que ofrecen sus servicios. Dicen lo que haga falta al precio que sea. Se muestran encantados de vender su alma por ver su nombre en los periódicos, según Posner. Por supuesto, nada de eso mejora la calidad del producto. Nadie se arruina por equivocarse de medio a medio, por mentir, trampear, ser falaz, o plagiar. Como dice Félix Ovejero: «no hay quien les

---

88   *Vid.* Taleb, N.N; *Jugarse la piel...*, cit, *pássim*.

siga la pista a los errores ni les lleve la cuenta de sus mentiras y yerros». Nadie disciplina a cierta *grey* intelectual.

¿Qué actitud adoptan los intelectuales ante tales críticas? Suelen proclamarse ofendidos. O reclaman que ellos hacen «ciencia», sin caer en la cuenta de que las Ciencias auténticas no necesitan dedicar su primera lección a justificarse como Ciencia. Ovejero formula un par de reflexiones interesantes: los intelectuales no son unos sinvergüenzas, sino que sus dosis de moralidad no consiguen vencer las patologías que propicia el ecosistema en el que trabajan. Además, quizá el mercado no sea un buen mecanismo para organizar el mundo de las ideas. Al cabo, nuestro autor propone que el criterio rector sea la decencia de los creadores, desde su honesta y revivida vocación.

En el seno de los intelectuales hay grados, determinados por la naturaleza de sus actividades. Es más sencillo tasar lo que arguye Thomas Sowell que lo que dice Javier Cercas, con el debido respeto para este. Uno es economista y el otro escritor. Al ser terrenos pantanosos, debemos condescender con las debilidades humanas e intentar acudir al saber honesto de quienes cultivan el buen hacer en su oficio. El autocontrol también es una virtud apreciable. Si uno se fija, todo lo contrario de lo que proponen nuestras constitucionalistas feministas: intervenir sin desmayo en todos los elementos y resortes de la sociedad, intentando que sus propuestas encajen a martillazos en la realidad. Ayuda conocer a quién tenemos enfrente.

Ovejero defiende al que se toma a sí mismo en serio. Eso pasa por comprender desde el primer minuto que la verdad y la moral son dos negociados distintos. Lo verdadero y lo bueno no están en el mismo lote; o no siempre. Uno puede ingresar en la comunidad académica para conocer gente o viajar, pero sus pares solo valorarán la obra que produzca conforme a criterios científicos, no su bonhomía o maldad. Las reglas dejan poco margen a las motivaciones. Como el panadero: puede amar u odiar su laburo, ser un tipo excelente o despreciable, querer hacer felices a sus vecinos o comportarse como un mísero egoísta, pero al final lo que importa es que el escenario de competencia le impone hacer el mejor pan al mejor precio. Moraleja: uno hace lo que debe y no importa el motivo por el que lo hace. No obstante, siguiendo a Camus, quizá sí importe en alguna medida el motivo, porque eso dará pistas sobre la persona. La verdad no puede subsistir sin amor a la verdad y rechazo del autoengaño.

El compromiso del comprometido debe ser con la autenticidad y una forma de hacerlo es equiparar autenticidad con libertad: decidimos quiénes somos, escogiendo nuestros valores y gustos. No somos una piedra inmutable. Hacemos el acto continuo de elegirnos. Aunque esta visión no carece de falencias. Tal y como anotaba Adorno, el ser humano está empapado de sociedad, estamos «distorsionados», y no sabemos de verdad qué elegimos cuando elegimos. Esto es: somos nudos de intersección de mil circunstancias sociales, tramas de nuestras biografías, incapaces de elegir nuestras querencias.

Otra forma equipara la autenticidad con la comunidad: no ocultar a uno mismo y a los demás quiénes somos realmente. El individuo muestra quién es sin pedir perdón o permiso. La cuestión no es *qué quieres* sino *quién eres*. Los valores no se eligen: se está en ellos, se viven. Somos hijos de nuestro tiempo en gustos, elecciones y problemas. Configuramos una parte importante de nuestra identidad en el espacio de relaciones en el que estamos. Nuestra historia es la jaula de hierro de nuestra identidad. No obstante, tener una identidad no impide que la examinemos. El carácter no es —no tiene por qué ser— el destino.

En suma: no hay dificultad alguna en reconocer que uno cree y está en ciertas ideas y admitir, a la vez, la posibilidad de revisarlas y de preguntarse por la propia vida, reconsiderar preferencias y, a su través, la propia identidad. Ese es el compromiso con la verdad. Vivir una vida auténtica correlaciona con verle el sentido: si yo mismo no le veo el sentido a lo que hago, no sabré darle sentido a mi vida. Debes identificarte con lo que quieres que rija tu vida, manteniendo con ello un trato sincero y convencido. Debo creerme lo que hago. Lo que importa es un compromiso sentido con una vida regida por el afán de verdad. Eso exige actuar desde el mejor yo. Quizá sea cosa de grados y circunstancias, pero está en nuestra mano decidir, al menos, dónde no queremos ir. Hay que luchar contra nuestra inveterada capacidad de mentirnos, un clásico de la humanidad. De inventarnos un relato que dote de coherencia nuestro comportamiento. También hay *metapreferencias*, preferencias sobre las preferencias: deseamos desear algunas cosas y otras no[89].

A veces sucede que el yo auténtico quiere una cosa, pero no nuestro mejor yo, el que se toma en serio. Ese *amor fou* que en realidad es fuente de infelicidad porque no querríamos querer a quien queremos ni lo que queremos. Un pedófilo, al fin y al cabo, es auténtico, pues no puede evitar sentirse atraídos por niños y detestarse por ello. Es duro entender a esos kantianos rígidamente kantianos que hacen lo que deben, pero no sienten lo que hacen. O esos estoicos que abolen todo deseo, obviando que eso significa estar en guerra con las entrañas de uno.

Ovejero señala la autobiografía intelectual Althusser, donde el susodicho confesaba tener una cultura filosófica de oídas, que buena parte de su labor intelectual había sido una mofa, repleta de artificios e imposturas, y que nada conocía de Marx ni del marxismo. El final de su vida fue aún más trágico porque sus periodos de grave enfermedad mental desembocaron en el estrangulamiento accidental de su mujer durante un masaje. En un libro de 1965, Althusser llega a decir: «me vi preso de un increíble terror ante la idea de que aquellos textos me mostrarían desnudo (...) es decir, tal y como era, un ser todo artificios e impostura, y nada más, un filósofo que casi no conocía nada de la historia de la filosofía y casi nada de Marx (...). Raymond Aron no se equivocó totalmente al hablar a propósito de mí y de Sartre de marxismo imaginario (...)»[90]. El problema era de aquella Francia siempre

---

89 En contra se manifiestan los defensores de que la libertad es un mito y que no existe nada parecido a la «libertad». Uno de sus principales representantes es Sapolsky, R; *Decidido. Una ciencia de la vida sin libre albedrío*, Capitán Swing, Madrid, 2024.

90 *Vid.* Althusser, L; *El porvenir es largo*, Destino, Barcelona, 1992, pp. 196 y 197.

ignorante de todo lo que se hace más allá de sus fronteras[91]. Althusser no se tomaba en serio, era deshonesto consigo mismo y aventuraba lo peor, el posmodernismo, donde valen todas las interpretaciones, por peregrinas que sean. Sokal, Pluckrose y Lindsay han desenmascarado tales veleidades posmodernas. La voluntad de verdad es todo lo contrario: ni me engaño a mí ni engaño a los demás. El coraje se convierte en la virtud que hace posible el resto de virtudes.

El profesor Ovejero resalta que existen dos métodos. Uno, el que apela a los principios: para que una creencia esté justificada debe respetar ciertas reglas racionales. Estos se dividen en *fundamentalistas*, (dichas creencias están jerarquizadas entre sí y unas importan más que otras), y *coherentistas* (el conocimiento es ante todo una red donde todas las creencias se soportan mutuamente, como las palabras en un diccionario). Ambas adolecen del mismo problema: tienes que creerte las cosas que te dicen *porque sí*.

La otra aproximación es radicalmente diferente: se interesa por la causa que nos lleva a creernos algo, que es tanto como decir qué nos proporciona las creencias verdaderas y cómo llegamos a ellas: la memoria, la percepción, la racionalidad. Errores habrá, pero solo queda confiar en los procedimientos y, si después de aplicarlos, nuestras creencias dejan de estar justificadas, no deberíamos mantenerlas. Las virtudes morales administrarían las virtudes intelectuales, pues llevándonos a mirar en lugares donde encontraremos cosas que no querríamos encontrar.

En las empresas colectivas hay más personas que uno, así como sistemas de control de calidad de los productos. En las tareas solitarias, a ciegas, sin reglas ni métodos, se queda al albur de los acontecimientos y por eso suelen producir ideas locas o desatinadas. No hay forma de saber si son buenas o no. De ahí que haya que reforzar las virtudes cuando uno está

---

91   La relación entre el mundo intelectual y la Francia del siglo XX ha dado lugar a múltiples estudios. A título monográfico véanse los de JUDT, T; *Pasado imperfecto. Los intelectuales franceses 1944-1956*, Taurus, Madrid, 2007; y JUDT, T; *El peso de la responsabilidad*, Taurus, Madrid, 2014.

escribiendo en la soledad de su despacho: coraje, humildad, reconocer los errores, rigor, honestidad intelectualidad, imparcialidad[92]. Como se puede ver, todo lo que suele flaquear en las demandas feministas al uso. Ya se sabe que la lealtad entre rufianes es inestable. El respeto por uno mismo es un bien fundamental.

Y es que enfatizar en la falta de sinceridad intelectual muestra que la calidad del productor afecta a la calidad del producto. Sin amor por el oficio, sin virtud intelectual, no hay razones para confiar en la obra. A quien le importa lo que hace, le importa que salga bien. Pero si se ponderan las motivaciones últimas, la cosa cambia. Si uno espera vender libros o fama, mal asunto. No ama el oficio, ama obtener un resultado concreto. Es absurdo pretender alcanzar la satisfacción directamente, es de esas cosas que se alcanzan persiguiendo otras (la estrategia oblicua es mejor que tirar por lo derecho). Si buscas denodadamente el bienestar, no lo encontrarás. Fracasamos si nos empeñamos en ser espontáneos, en dormirnos, o en olvidar a alguien. En corto: buscar la verdad no es ni puede tener interés instrumental.

El compromiso como coherencia gana peso en el pensamiento de Ovejero. Si la verdad fuera de derechas, yo estaría allí (Camus). Pero el compromiso no equivale a actuar de acuerdo con lo que se piensa sin que importe nada más. Al fin y al cabo, un terrorista está perfecta y absolutamente comprometido cuando decide inmolarse. El fanático, el sectario y el dogmático (a veces todo uno) es consecuente y está comprometido, pero ni tiene un compromiso con la verdad ni es intelectualmente íntegro, que es lo que le sucede al feminismo echado al monte. Las virtudes mejoran con su ejercicio mientras que los vicios empeoran con su práctica.

Mejor apostar por quien tiene cierta disposición a la discrepancia que quien se muestra conforme ante el poder o ante la moda ideológica de turno, esos que cambian de opinión

---

92   Mientras el trabajo manual suele dar sus frutos a medida que se va haciendo, el trabajo intelectual lo hace *después*. La paciencia se convierte en la virtud que aquilata el proceso. *Vid.* ZAGREBELSKY, G; *La clase*, Rialp, Madrid, 2024, p. 93.

según sople el viento o digan los jefes (las jefas) del pesebre. Ovejero prefiere a quien se equivoca en sus propios términos, con su propia cabeza. Esa persona nos demuestra que no se vende, que afronta los costes que vengan, que no pretende congraciarse, que no desea extraer rendimiento de sus opiniones. Sobra la evidencia de lo contrario: los humanos somos seres sumisos y apocados. Incluso entre gente con criterio independiente (jueces) los que primero sentencian obliga de alguna manera a los que sentencian después, quienes minimizarán las discrepancias. Nos cuesta un mundo levantar la mano y decir «no». Recordemos que nosotros —profesores de universidad con plaza consolidada— tenemos el sustento garantizado sin sufrir amenaza o chantaje alguno por defender esto o aquello. Claro que si estamos haciendo méritos para el cargo de turno nos pondremos de perfil y adoraremos a quienes nos ungirán. Hay constitucionalistas que llevan lustros esforzándose en ser magistrados constitucionales y al no conseguirlo la amargura se ha hecho pieza en su vida.

Los humanos somos sensibles a los contextos y no nos comportamos igual en casa que en la calle. Tampoco tratamos igual todas las situaciones. Quien echa cuentas cada día, acaba por tener una mirada abstracta y desapegada en su relación con las personas y las cosas. Recordemos una vez más lo tantas veces repetido: ejercer las virtudes nos hace virtuosos. Se pueden cultivar en entornos propicios (no podrás cultivar la Química Orgánica en medio de *Lo Campano*, aunque allá exista química adulterada). Elegir el mundo es elegir quién queremos ser. Si la conversación siempre se da a la altura del más idiota, lo mejor es no arriesgarse y evitar tratos con idiotas. Elegir entornos es elegirnos a nosotros.

Téngase en cuenta que ejercer la virtud no es un programa. No cabe en una secuencia de instrucciones. Ni dogmas ni desvertebrados. Lo importante no es: ¿qué pensará hoy Nancy Fraser? sino ¿explica la tesis de Nancy Fraser lo que pretende? Es como romper una relación amorosa: no hay método previo ni forma buena ni reglas que valgan. Ser virtuoso no cabe en un manual.

Ovejero desemboca en los *malos compromisos*. Esos intelectuales comprometidos que se tomaban a sí mismos a chufla, como Sartre. Sacerdote de su propia religión, exco-mulgaba a quienes no estaban a la altura que él dictaba con mano de hierro. La réplica de Merleau-Ponty, uno de sus muchos damnificados, es patética e ilustrativa a partes igua-les. O la ruptura de la amistad con Albert Camus, estando este como estaba un paso de gigante por delante de Sartre. Cuando llegó el momento de la valentía, Camus dio un paso al frente y Sartre se escondió en *la madriguera*. Los dos lo sabían. Por eso Sartre arremete contra Camus con una furi-bundia inusitada. Camus se tomaba en serio. Tenía coraje, esto es, una vida regida por el amor a la verdad[93].

Ovejero finaliza con unas reflexiones respecto al compro-miso con nosotros mismos, sobre por qué hacemos lo que hacemos e intentar imprimir cierto norte a nuestras vidas, profesiones y carreras.

Los que nos dedicamos a las ciencias sociales debemos asumir una inseguridad permanente e inherente a nuestro oficio, nada que ver con las ciencias empíricas. De ahí deriva cierta zozobra psicológica o moral, alentada por la ausen-cia de castigo a los infractores. La debilidad de los resulta-dos que provoca tales efectos. Lo mejor para combatirlas es establecer reglas claras y saber qué pasará si se incumplen. Es decir: la solución de las ciencias empíricas o el modo de regular el atletismo, por poner dos ejemplos. Pero cuando no hay reglas, resultan importantes las virtudes antedichas: tomarse en serio, coraje, etc. Quizá si además de ideas estu-diáramos si estas funcionan o no (el criterio Feynman), su aplicación o no, su éxito o no, podríamos aclarar el panorama. Esto es, deberíamos ser médicos que aspiren a curar. ¿Para qué proclamarse *feminista* si eso no mejora la vida de nadie? ¿Para qué seguir emborronando cuartillas si no ayudan, si no tratan de las cosas importantes de la vida?

---

93   Ciertos escritos del propio Sartre, en el marco de la guerra de Corea, rezumaban antisemitismo. Así lo dice ARON, R; *El opio de los intelec-tuales*, RBA, Barcelona, 2011 (1.ª edición original: 1955), p. 276. Czeslaw Milosz cuenta cómo Sartre y acólitos atacaron a Camus porque este *osó* decir que en la URSS había campos de concentración (lo que era más que sabido por quienes querían saber). *Vid*. VV. AA.; *The Paris Re-view. Entrevistas (1953-1983)*, Acantilado, Barcelona, 2020, p. 1911.

Que cada paso sea una meta en sí mismo, sin dejar de ser un paso, como dijo Goethe. Sin asideros florecen las artimañas y zozobras. No es tanta deshonestidad sino simple desconcierto, material explosivo para los pusilánimes. ¿Qué importa al final del camino? El producto acabado que ofrecemos a los demás.

Sea como fuere, resulta obvio que la izquierda académica posmoderna sigue empecinada en aquello de *transformar el mundo*. Buen ejemplo es Mackenzie Wark. Dice que ya no quedan intelectuales públicos como antes sino intelectos colectivos (Preciado, Butler y demás *sospechoses habituales*). Que la mercantilización y la tecnología han influido en el pensamiento. Partiendo de mentiras palmarias («los intelectuales de antaño podían ganarse la vida con la pluma y la máquina de escribir»), dice que hoy deben vivir del trabajo académico, cuantificado y estratificado, lo que a su juicio agrava su precariedad.

Wark entiende que estas personas «buscan que sus disquisiciones trasciendan el entorno universitario» y que «su trabajo intelectual sirva para responder a las problemáticas más generales que atañen a la configuración de nuestro mundo contemporáneo». Tratan de encontrar vías apropiadas para escribir, pensar e incluso actuar contra el sistema de mercantilización que ellos mismos alimentan. Qué podría salir mal, ¿verdad?[94] El intelectual como mero agitador, puro activismo sin aparente seso.

De la mano de Thomas Sowell daremos respuesta al enfoque anterior, bastante desnortado. El punto esencial es comprender la inveterada capacidad de muchos intelectuales para ignorar realidades evidentes que amenazan a su visión ideológica. En esas mentes triunfan las palabras sobre los hechos. La ideología sobre la ciencia. Los relatos sobre los datos. Así las cosas, sobreviene el criterio de Hobbes: las palabras se convierten en la moneda de los necios, dinero falso creado por personas muy astutas. También resuena la

---

94   *Vid.* Wark, M; *Intelectos colectivos*, La Caja Books, Valencia, 2023, p. 15 y ss.

advertencia del juez Holmes: piensa en las cosas en lugar de en las palabras[95].

Huelga decir que los intelectuales sedicentemente progresistas prefieren equivocarse blandiendo su ideología que reconocer el acierto de las ideas contrarias. Sowell pone un ejemplo que traemos aquí por lo atinado e ilustrativo. Si uno desea quedarse (probablemente a vivir) en su ideología —esto es: en el mundo de las palabras— dirá que los hombres que trabajan en aerolíneas cobran más que las mujeres. Quienes están más interesados en conocer el mundo real, se zambullen en el dato elemental: la mayoría de los pilotos son hombres y la mayoría de auxiliares, mujeres. No es discriminación ni brecha de género salarial. Es que resulta imposible equipararlos por ser dos trabajos diferentes con dos remuneraciones diferentes. Por no mencionar que estudios rigurosos —llevados a cabo en gran medida por investigadoras— demuestran que las diferencias de género en materia de ingresos suelen tener explicaciones multicausales y multifactoriales: tipo de mercado, contexto, lugar, orden de nacimiento, edad, situación geográfica y demográfica, cultura, etc.

4.5. Marsal, Johnson y Said

A pesar de lo dicho anteriormente, Marsal exponía que no sabemos quiénes son de veras «intelectuales políticos», campo vasto de compleja acotación[96]. Unos creen que es quien trabaja con la cabeza en vez de los músculos; otros que son aquellos con título universitario (Marsal escribe en 1975); unos pocos piensan que requiere cultivar la vida mental y los de más allá entienden que intelectual es el literato. Según cierta tradición de la izquierda, el intelectual debe ser antisistema, demostrando «capacidad de impugnación» de todo lo que se mueva. Quizá los más peligrosos sean los que Marsal define como *profesionales de la ideología*, esos intelectuales políticos que defienden un conjunto de valores

---

95 *Vid.* Sowell, T; *Discriminación y disparidades*, Deusto, Barcelona, 2024, p. 242.

96 Marsal, J.F.; *La sombra del poder. Intelectuales y política en España, Argentina y México*, Cuadernos para el Diálogo, Madrid, 1975, p. 10 y ss.

concretos. Gramsci acertó cuando dijo que todos los hombres son intelectuales, pero no todos cumplen la función de intelectuales.

Shils y Althusser eran de la opinión de que el hombre es un animal ideológico y que no puede no serlo, pues la ideología es una herramienta primordial como mapa moral y cognitivo. No creen que haya «hechos» en la vida social sino construcciones simbólicas donde las ideologías encuentran el perfecto caldo de cultivo que unos pocos guiarán: magos, clérigos, filósofos. Conviven ideologías irreflexivas y difusas con ideologías conscientes y sistematizadas. Pueden ser pura propaganda y cortina de humo, pero también la utopía que cuestiona el estado de las cosas. En última instancia, lo preocupante no son las ideologías sino los intelectuales de carne y hueso, sus porteadores.

Cualquier cosa genera su contraria y el intelectualismo genera su némesis, el anti-intelectualismo. El punto de partida sería aquello que dijo el presidente Truman: los intelectuales como consejeros son muy recomendables siempre que haya un viejo profesional que les diga qué hay que hacer. La mentalidad práctica del hombre de negocios, los creyentes religiosos, incluso el anticomunismo, todas ellas fuerzas potentes en los Estados Unidos marcadas por su acendrado anti-intelectualismo. ¿Por qué? Porque, como dijo un novelista mejicano, «no se pueden medir las consecuencias difusas de lo que escribimos». Resulta imposible ser más claro[97].

Tales aserciones encuentran apoyo fundamentado en un libro esencial de Paul Johnson para entender a la caterva de *maîtres á penser*[98]. Johnson llega a la convicción de que algunos intelectuales de izquierda tenían un compromiso político con el futuro utópico socialista. Pero solo una parte ínfima examinó de cerca las condiciones reales de vida de

---

97 Saul Bellow establecía diferencias entre el intelectual estadounidense y el europeo. El primero reflexiona desde la vida privada mientras el segundo lo hace desde la vida pública, buscando proselitismo y activismo. VV. AA.; *The Paris Review. Entrevistas (1953-1983),* Acantilado, Barcelona, 2020, p. 514 y ss.

98 *Vid.* Johnson, P; *Intelectuales,* Homo Legens, Madrid, 2008.

los trabajadores (Orwell), la inmensa mayoría eran esnobs de manual (Connolly). En ese contexto, literatos como Evelyn Waugh evitaban la política y se convertían, así, en anti-intelectuales. Los peores ejemplos de la intelectualidad zurda exhibían la típica debilidad moral de quienes defienden la igualdad mientras eran, en verdad, clasistas y hedonistas (de nuevo Connolly). Por no mencionar el gusto por la violencia que ciertos autores han tenido, siempre prestos a ofrecer «soluciones radicales y absolutistas» (Norman Mailer, Tynan o Fassbinder).

Johnson cree que la paradoja es habitual y lacerante: aunque los intelectuales pretendían enseñarnos a confiar en la razón, lo que en realidad decían era que siguiéramos sus sentimientos a pies juntillas. No solo no fomentaban el debate, sino que propugnaban la fuerza. Los intelectuales se convierten en una casta religiosa tradicional cuya prédica causa escepticismo natural en el oyente. El común de los mortales no acepta que le digan cómo debe comportarse o de qué manera gobernar sus asuntos. Los intelectuales, vistos así, no son mejores que brujos o sacerdotes de la Antigüedad. Johnson avisa: mucho cuidado con los intelectuales y, en todo caso, alejémoslos de decisiones políticas y vigilemos su capacidad para ofrecer consejos colectivos. A su mejor entender, los intelectuales no son gente ni individualista ni conformista, sino que siguen un patrón regular de comportamiento que busca aprobación y valoración por quienes son como ellos. Por eso, entre otros motivos, acaban lanzando acciones irracionales y destructivas. La gente siempre es más importante que los consejos y teorías y sus derechos deben prevalecer[99].

Esto también se observó en la Francia de Dreyfus y, sobre todo, *posDreyfus*. El intelectual se abrogaba la licencia de defender causas universales, generales y abstractas («la justicia»), actuando como espíritu puro. De nuevo, la función sacerdotal. Numerosos hombres de letras franceses fueron hostiles a tal visión, negándose a formar parte de la comunidad de «intelectuales». Autores como Barrés atacan el uni-

---

99   *Vid.* Johnson, P; *Intelectuales*, Homo Legens, Madrid, 2008, p. 525 y ss.

versalismo oponiendo el arraigo, ese instinto del pueblo llano que preserva la nación. Parte de la derecha literaria negaba a los intelectuales que tuvieran una «clarividencia privilegiada» para los asuntos públicos, sentando las bases de por qué cuando se hable de intelectuales se hablará de «intelectuales de izquierda»[100]. La Francia contemporánea parece incidir en dicha vertiente de la mano de Houllebecq. Para él no es ya que el intelectual no tenga influencia en la política, es que no cree en la influencia de la política en la historia, siendo los factores de cambio más influyentes los tecnológicos. La importancia de los políticos sobreviene, a su juicio, cuando provocan grandes catástrofes, a lo Napoleón. Tampoco cree que la psicología individual tenga efecto sobre los movimientos sociales, pues intervienen en ellos poderosas fuerzas sociológicas inexplicables en dichos términos[101].

Marsal consideró a los intelectuales, en cuanto personas, el área más difícil de investigar, no tanto sus ideologías. Por no mencionar que él pertenecía a la tribu investigada. Para Marsal, las explicaciones psicológicas del tipo «la vanidad del intelectual» no le convencen tanto como la debilidad estructural y la dependencia del poder, factores inherentes a su puesto. Recuerda el autor que no tuvo problema en entrevistar a intelectuales ajenos al gobierno, a diferencia de los que estaban «a la sombra del poder». Lo fundamental es comprender las razones por las que defienden lo que defienden. Marsal tiene claro que «por parte de la izquierda la dificultad característica (…) es la instrumentalización de la investigación para la lucha política inmediata y local, prescindiendo de los propósitos del investigador (…). La escasez de armas y zonas de combate abonan la politización indiscriminada de todo lo que esté a su alcance». Ya se sabe: en el mundo intelectual hay muchos gallos, pero pocos gallineros[102].

Desde coordenadas claramente izquierdistas, acabaremos este apartado con las reflexiones de Edward W. Said,

---

100   *Vid.* Winock, M; *El siglo de…*, p. 858 y ss.

101   *Vid.* VV. AA.; *The Paris Review. Entrevistas (1984-2012)*, Acantilado, Barcelona, 2020, p. 2772 y ss.

102   *Vid.* Marsal, J.F.; *La sombra…*, *op. cit*; p. 277.

quien arroja a los escritores europeos a hacer oposición a eventos como la guerra de Irak de 2003. Equiparando *intelectual* con *escritor*, ambos actúan en el marco de lo globalización imperante, lo que debe estimular su pensamiento y afilar su pluma. Qué mejor que traer sus propias palabras para ilustrar lo que es un alma intervencionista, clasista y desenfocada de la cuestión.

Para Said: «la función del intelectual consiste en desenmascarar y esclarecer con la dialéctica las disputas y oponerse, desafiar y derrotar, allá donde sea posible y cada vez que pueda, tanto un silencio impuesto como la calma chicha de los poderes en la sombra». Nada más y nada menos. Said insiste en que el intelectual debe presentar narraciones alternativas a la historia y construir campos de conciencia y no de batalla. De nuevo, que hable Said: «debe haber un componente de nuestro compromiso que subraye la necesidad de redistribuir los recursos y que defienda el imperativo teórico frente a las inmensas acumulaciones de poder y capital que deforman la vida humana». Y por si lo anterior fuera poco, Said acaba su soflama diciendo que «no puede haber paz sin igualdad; este es un valor intelectual que es necesario reiterar, demostrar y fortalecer desesperadamente». Por supuesto, no concreta qué igualdad es esa y obvia *desesperadamente* que el mejor redistribuidor de cualquier recurso ya existe y se llama mercado. Pero esas son veleidades que ciertos intelectuales se permiten, licencias que nadie osará discutir[103].

---

[103] *Vid.* Said, W; *Humanismo y crítica democrática. La responsabilidad pública de escritores e intelectuales*, Debate, Barcelona, 2006, p. 162 y ss.

5

EL CONTEXTO ACTUAL DEL TRABAJO INTELECTUAL

Enseñar e investigar en Derecho Constitucional o en Filosofía del Derecho no se hace en el vacío[104]. La idea de este apartado es tratar ciertas características que operan a modo de *zeitgeist*. A tales efectos, hablaremos del fenómeno *woke*, de la crisis de la democracia liberal, y del nuevo conservadurismo, una hoja de ruta para evitar los sermones ideológicos en la universidad que pretenden hacer pasar por ciencia lo que es lengua de chamanes y chamarileros. Pero antes permita el lector que contextualicemos qué aroma se respira en la Universidad posmoderna del siglo XXI.

5.1. La Universidad posmoderna del siglo XXI

Según Jesús G. Maestro nuestra Universidad sufre diversos males posmodernos[105]. En primer lugar, el profesor se sustituye por el pedagogo, que enseña lo que no sabe. En segundo lugar, la ideología campa por sus respetos, pues lo que se transmite al estudiante trata de convencerle del modelo correcto. Eso convierte al discente en un prototipo blindado e impermeable a la crítica. Así es como se dejan transformar en activistas. En tercer lugar, destaca la falta de

---

104 *Vid.* Leys, S; *La felicidad…, op. cit*, p. 74.

105 *Vid.* G. Maestro, J; *Ensayo sobre el fracaso histórico de la democracia en el siglo XXI. La posmodernidad democrática como medio de destrucción del Estado moderno*, Google Books, Madrid, 2024, p. 216 y ss.

realismo, dada la saturación de idealismo que se estila en la Universidad. Todo es lenguaje, se les dice, por lo que la realidad está hecha de palabras. Si todo vale es imposible transmitir conocimientos que merezcan la pena. Si todo es igual a todo, las palabras permiten construir la realidad *ad hoc*. En cuarto lugar, los chavales se agrupan en gremios donde se repiten mensajes de autoayuda, hormonan su activismo y sus ideologías. Como dijo Unamuno: cuanto menos se lee, más daño hace lo que se lee. Los chicos solo se leen en redes sociales y todos dicen lo mismo.

En suma, para Maestro los profesores hoy no sirven de nada, más allá de sustentar las ideologías en conflicto y promocionar sus contenidos. La debilidad de la democracia ha permitido tal estado de cosas. Y cuando dichas ideologías dispongan de una figura mejor, el profesor pasará a ser un vestigio arqueológico del pasado. Los estudiantes se educan entre sí, dice Maestro, no les hace falta ningún profesor. La fuerza de la ignorancia es la potencia de la osadía. Solo lo que dice un necio interesa a otro necio. Solo los bobos se leen entre sí y se prestan atención mutuamente. El éxito de la Universidad es un didactismo encubierto.

5.2. El fenómeno *woke*

Sobre el fenómeno woke no se han dejado de publicar libros en los últimos tiempos. Alude este vocablo al término «despierto», esto es, ganar y blasonar de conciencia social respecto de las *grandes*, *profundas* y *lacerantes* discriminaciones que existen en nuestras sociedades occidentales, cuya solución pasa por una política de justicia social dura e inflexible. El término viene de Estados Unidos, como tantas otras cosas, y ya se ha hecho un hueco en los debates intelectuales, políticos y académicos del primer cuarto de siglo.

Para explicarlo nos vamos a quedar con un conspicuo representante del sector crítico, el profesor Braunstein[106].

---

106   Braunstein, J.F; *La religión woke. Anatomía del movimiento irracional e identitario que está poniendo en jaque a Occidente*, La Esfera de los Libros, Madrid, 2024.

Para el filósofo francés, existe una profunda preocupación en las disciplinas humanísticas, sociales y jurídicas sobre cómo el fenómeno woke afecta a nuestros sistemas constitucionales y, por extensión, a nuestras vidas y haciendas. Las credenciales de Braunstein quedaron bien pertrechados cuando examinó en un libro previo («La filosofía se ha vuelto loca»), el pensamiento de la plana mayor del posmodernismo y cuyo título nos ahorra el expediente de profundizar en él, salvo para animar al lector a que se sumerja en sus páginas.

El planteamiento del autor es meridiano: blandiendo buenos motivos como la lucha contra la discriminación o la justicia social (sea lo que sea esto) los adalides de esta ideología-religión enarbolan banderas inasumibles. Arguyen que el sexo biológico no existe y que solo cuenta la capacidad subjetiva de autodeterminarse como se quiera. Gritan a los cuatro vientos que los blancos son irremisiblemente racistas (¡!) a la par que ninguna persona *racializada* puede serlo (la invención de palabras es otra de sus señas de identidad). Sostienen sin duda ni agobio que todo conocimiento está localizado y que no existe conocimiento científico objetivo o imparcial, ni siquiera en las disciplinas basadas en el conocimiento objetivo e imparcial (de las matemáticas a las matemáticas *socioafectivas*). Creen fervientemente que la mujer ha sido, es y será (si hacemos caso a las recetas *woke*) discriminada por el heteropatriarcado, cancerbero que también subyuga a las «minorías y disidencias sexuales LGTB».

Braunstein llama la atención sobre el hecho de que el objetivo woke por excelencia es destruir (ellos dicen deconstruir) el acervo científico, cultural y patrimonial de un Occidente acusado de ser la fábrica de producción y la correa de transmisión del racismo, el sexismo y el colonialismo, entre otras *enfermedades*. Lo peor del envite es que Occidente parece paralizado o anestesiado. La razón, el debate y la interacción desde la tolerancia recíproca se abandonan, no existen en la mentalidad woke. Lo *woke* es trinchera y poco más, aunque nos lo vendan como una honda sensibilidad contra las injusticias sociales.

Braunstein se declara confeso apartidario. Por un lado, porque el extremismo de los planteamientos *woke* casa mal con el debate libre. Se esclerotizan las ideologías en pugna y se apuesta por herramientas que orillan a los contrarios y declaran vencedores a los acólitos. En ese contexto debemos situar la inmensa mayoría de las cancelaciones, linchamientos mediáticos, boicots, y censuras de nuevo cuño[107]. Por otro lado, aumenta la victimización de quienes pertenecen a estos colectivos vulnerables, enquistándose el problema. Todo problema mal diagnosticado es un problema mal resuelto. Como lo *woke* exige que solo nos fijemos donde apuntan sus defensores no se resuelven los problemas reales de nadie, porque el paisaje es mucho más complejo y denso que el panorama: ven un árbol y pretenden hacernos creer que es el bosque.

El filósofo arguye que de nada vale indignarse. Es necesario comprender los motivos del éxito de esta nueva religión, no ya por desenmascarar a quienes profesan una *folk science* de manual sino por el eco social y político que alcanza (de mayor arraigo en latitudes anglosajonas que europeas). Sea como fuere, lo woke no va a desaparecer de la noche a la mañana, nos dice Jean-François Braunstein. Y lo peor de dicha afirmación es que es cierta. Por eso debemos defender la libertad de expresión y de pensamiento, para contrarrestar sus ocurrencias con argumentos[108].

5.3. La crisis de la democracia liberal

En los últimos tiempos se habla de la crisis de la democracia liberal. Unos opinan que se ha erosionado el componente liberal, de ahí que acuñen el término «democracia iliberal»

---

107 *Vid.* Soto Ivars, J; *La trinchera de letras. La batalla cultural contra la libertad y el conocimiento*, Ediciones Nobel, Oviedo, 2024, p. 62 y ss.

108 Desde diversas latitudes nos llegan libros que inciden en el particular, mostrando una veta anti-woke digna de elogio. Demuestra la relación perversa y contraria que tiene la mentalidad woke en el ámbito académico Coignard, S; *La tiranía de la mediocridad. Por qué debemos salvar el mérito*, Deusto, Barcelona, 2024. A mayores, y sin ánimo de exhaustividad, citaremos el de Rubio, E; *Religión woke: El despertar del supremacismo identitario*, Almuzara, Córdoba, 2023; y el de Mering, N; *El dogma woke: Una respuesta cristiana ante la ideología de moda*, Rialp, Madrid, 2023.

para definir aquellos sistemas políticos donde coexiste la elección mediante sufragio con un recorte preocupante de libertades, como ha sucedido en Polonia y Hungría[109]. Otros creen que el componente institucional es el más dañado, pues las luchas de poder, especialmente las encabezadas por el Ejecutivo de turno, son maximalistas al querer controlarlo todo. De ahí los embates contra las garantías del Estado de Derecho o la independencia del Poder Judicial. Desgraciadamente, el ejemplo de la España de los últimos tiempos es elocuente en este sentido. Otros, en fin, han criticado los sistemas demoliberales porque en realidad funcionan como potentes mecanismos unificadores que borran las diferencias entre las personas, imponiendo homogeneidad de ideas, actitudes y lenguaje[110].

En este marco, pensadores como el profesor Deneen han propuesto cambios que gravitan en torno a una idea: el liberalismo ha fracasado porque ha triunfado. Cree que ahora estamos encaminándonos a un futuro posliberal, cuya viga maestra es el *conservadurismo del bien común*[111]. O, dicho con otras palabras, la tradición como transmisión del fuego, no como adoración de cenizas.

Patrick Deneen cree que los ciudadanos corrientes buscan un conservadurismo que conserve, centrado en los ideales del autodominio, la disciplina personal y el autogobierno. La izquierda cree lo contrario en aras de superar las limitaciones impuestas por el derecho de nacimiento. Lo que antes eran vallas de contención que permitían la convivencia ahora son opresiones a destruir. La costumbre resulta despótica para las vidas de quienes desean experimentar constantemente con la suya propia. No se dan cuenta de que la costumbre es el refugio del que nada tiene, de la gente corriente. Es, al decir de Tocqueville, profundamente democrática. Chester-

---

109   *Vid.* Krzywon, A; «El iliberalismo constitucional ha llegado para quedarse. Las experiencias centroeuropeas», *Revista de Derecho Político*, n.º 113, 2022, pp. 165-191.

110   Así, Legutko, R; *Los demonios de la democracia. Tentaciones totalitarias en las sociedades libres*, Encuentro, Madrid, 2020, p. 22 y ss.

111   *Vid.* Deneen, P.J; *Cambio de régimen. Hacia un futuro posliberal*, Homo Legens, Madrid, 2023.

ton lo llamó «la democracia de los muertos». Huelga decir que los izquierdistas emplean la universidad como correa de transmisión, donde educan a los estudiantes en valores que activarán después en la sociedad real. A ese respecto, pensadores como Legutko han contribuido con una crítica tan acerada como acertada, arguyendo que las Universidades han sido secuestradas por las ideas demoliberales; esto es, políticas identitarias, mentalidad de grupo, igualitarismo, ascenso de nuevos derechos crecientes y descenso de obligaciones para con la sociedad. En pocas palabras, una ruptura de la auténtica libertad académica[112].

Deneen resalta la necesidad de la élite de destruir y castigar a los *normales*, conduciendo al colapso de la comunidad. Los que no van a Harvard, ni a Yale, ni a Princeton padecen muchas más penurias en forma de divorcios, muertes por desesperación, drogadicción y criminalidad. La clase obrera de veras no es *woke*, ni puede serlo, y bien se lo hacen pagar quienes por lo demás alimentan gustos refinados entre vinos exquisitos y terapias con champán. Es a los de abajo a quienes debemos el sentido común, la frugalidad, la inventiva y la artesanía, dice Deneen. Esa es la auténtica cultura, la que se transmite de generación en generación. Las élites son tan fungibles que acaban por preguntarse sorprendidas por qué son tan fácilmente sustituidas por otros. La asimetría de poder es palpable e imposible no verla.

Nuestro autor define el *conservadurismo del bien común* como una mezcla de orden económico igualitario y orden familiar comunitario, asociativo, religioso, fuerte y estable. Viva el sentido común y la experiencia, esa interacción cotidiana con los objetos y prácticas que rigen el mundo y la vida. Los expertos no saben nada de la experiencia. Ahora se estilan los archipiélagos de conocimientos especializados, sin saber lo que hace el compañero de al lado. ¿Colega, *collegium*, comunidad? Ni por asomo. ¿Cultivar virtudes sabias más generales? En absoluto. El investigador moderno está totalmente desprovisto de combinar su experiencia con la comprensión de los que le rodean. Lo peor, con todo, es que

---

112   *Vid.* LEGUTKO, R; *Los demonios ...*, cit, p. 94 y ss.

son inasequibles al desaliento. Instituciones como la Universidad también deben cambiar, mutar y permutar constantemente en nombre del progreso.

Patrick Deneen cree que ciertas profesiones tienen una responsabilidad «conservadora» mayor. Tocqueville residenciaba esa carga en los abogados, vínculo entre los de arriba y los de abajo. El Derecho se estudiaba y aplicaba de tal forma que se fomentaba la mentalidad tradicional, sus hábitos de orden, cierto gusto por las formas, una especie de amor instintivo por la secuencia regular de ideas, oponiéndose con vigor a las aventuras revolucionarias o irreflexivas.

El autor también atiende a la idea de la interseccionalidad, como equiparación de la experiencia de los negros con todos los grupos oprimidos para derrocar a la clase dominante. Pero ya se atisba el tumulto: todos los grupos compiten por ser el dominante dentro de esa interseccionalidad, abrogándose ser «el más oprimido» o «las mayores víctimas». Su auge coincide con el empeoramiento de las condiciones laborales y vitales de la clase trabajadora blanca occidental. Estos son «privilegiados» mientras que *los Obamas del mundo* (de buena familia, con dinero y educados en universidades de la Ivy League) son «explotados». Tremendo dislate, va de suyo.

Deneen lo tiene claro: los liberales, en lugar de aceptar las cosas tal y como son, están obsesionados con transformarlas hasta hacerlas irreconocibles. Con destruirlas, aunque lo disfracen de «progreso». Recordémoslo otra vez: combatir la ideología del progreso no es oponerse a las reformas y a las mejoras sino al cambio por el cambio. Gracias a tesis como las de Deneen, la batalla de las ideas dentro de la guerra cultural ya no se libra por un único oponente.

5.4. El nuevo conservadurismo

Abundando en las tesis de Deneen, existen mimbres adicionales que se sumarían a una suerte de nueva ola conservadora. ¿Cuáles serían tales aspectos? Un alegato a favor de la belleza perdida, alimentando el espíritu en estos tiempos de relativismo, *transtodo* y muñecas feministas hiperventiladas. Protección a la familia, institución basilar que, bien lo sabemos y más lo agradecemos, ha sobrevivido a revoluciones, dictaduras, crisis de todo pelaje e ideologías desenfrenadas. Recordemos que la libertad es un excelente caballo si uno sabe dónde va (Scruton). Es, en suma, el conservadurismo no tanto como ideología sino espíritu que prefiere la vida a los discursos.

¿Qué podemos aprender de estas tesis? ¿Qué nos ayudan a recordar (que es, como se sabe, aprender dos veces)? La importancia de vivir en lo local, con menos ideología y más vecindad. El reconocimiento de la belleza objetiva, tan lejos de la falacia «socialmente construida». Defender el bien y la verdad. Recordar que todo gusto es respetable pero no todos valen lo mismo y que existen características universales resplandecientes: armonía, simetría, proporción, equilibrio. La defensa del gran arte, por ser inspirador y elevarnos hacia algo superior. Lo dijo también el maestro Scruton: la belleza nunca evoca indiferencia. Leer a los clásicos es entender el mundo[113].

No es sentirnos bien sino querer ser mejores. No es acogerse a lo antiguo sino a lo permanente. Es Russell Kirk diciendo que no se hizo conservador, sino que un buen día comprendió que lo era. Es recordar las verdades biológicas más elementales. Es defender una moral relacionada con la dignidad humana. Es luchar contra élites desarraigadas y esnobs que causan profundo daño y dolor porque destruyen lo que anhelan y no tienen: estabilidad, familia, orden, casa común.

La libertad como medio, no como fin, sabiendo dónde se va. La libertad, como dice Savater, de interpretar creativamente la ley. Alzar la voz contra el feminismo que fabrica artificialmente igualdad mientras ignora que el deseo es atracción por lo diferente. Evitar que haya gente inteligente trabajando en ideas desquiciadas. Insistir en que sin leyes no hay libertad y que sin autoridad se impone la ley del más fuerte.

---

113   *Vid.* Scruton, R; *La cultura moderna*, El Buey Mudo, Madrid, 1998, p. 15 y ss.

El conservador lucha incansablemente contra la degradación. Asume, agradecido y asombrado, que todo lo hicieron otros antes que nosotros. Grabarse a fuego que si arreglas del todo una cosa la estropeas. Escuchar a tu corazón decirte que todos somos conservadores en aquello que amamos. Conservar es la base, los muros de carga de la casa, también de quienes pretenden construirlas en el aire. Conservar es sostener toda causa noble a la que uno se sienta llamado.

Conservar, sí, en el marco de un Occidente cada vez más preocupado por su propio declive. Las palabras son confusas hoy tal vez porque el mundo ha olvidado la profundidad de pensamiento y las emplea sin conocer su significado. Sin embargo, la cultura occidental, o mejor dicho europea, encontró su fundamento en la expansión de Europa al mundo, que a partir del siglo XV estableció una cultura cristiana prevalente en América, Asia, África y Oceanía, ligando inextricablemente la tradición cristiana al pensamiento occidental.

El siglo XX marcó el inicio de la hegemonía estadounidense en el mundo. El gobierno económico, político y militar que prevaleció en muchos lugares —especialmente en Europa— empezaba a ser muy diferente del cristianismo. Esa forma de autoritarismo del Nuevo Orden Mundial se extiende por todo Occidente debido a las fuerzas económicas y tecnológicas globales. Sin embargo, la civilización milenaria que está detrás de China implica que, silenciosamente y sin demora, el tigre asiático emerja como un enemigo que nadie esperaba, al que se unieron muchos países no alineados, probablemente subestimados por el dominio estadounidense. En estas circunstancias, Occidente languidece, sin valores compatibles con la cultura judeocristiana que lo sustenta. El tono pesimista crece hasta el punto de que autores como Deneen creen que las cenizas del imperio occidental serán recogidas por sus rivales y veremos el ascenso del islam, de la cultura hindú y, por supuesto, de un mundo oriental que China lidera. Un destino que nos preocupa e interpela a todos[114].

---

114   Sobre este particular, véase OLIER, E; *La debacle de occidente. Las guerras del siglo XXI*, Almuzara, Córdoba, 2023.

Pete Davies cree que la idea de compromiso es una de las características del nuevo conservadurismo. Desde su activismo a favor de la democracia y la solidaridad dio un discurso de graduación en la Facultad de Derecho de Harvard titulado «Una contracultura del compromiso», visto por millones de personas. Tal fue su éxito que una potente editorial estadounidense le propuso desarrollarlo por escrito, lo cual constituye, en versión traducida, las tesis de un libro ineluctable[115].

Nuestro autor cree que solo mediante el compromiso podremos combatir la actual cultura, superficial e indecisa. Una voluntad de hacer vida con las personas, en torno a una causa concreta, con dedicación, solidez y robustez. No mediante aplicaciones informáticas, que nos dejan exhaustos ante esa navegación infinita que nutre al algoritmo y vacía nuestro espíritu.

Davies concreta ese compromiso decidido y cívico como fuerza poderosa con la que combatir la agitación inquietante. Somos legión los que hemos navegado horas por Internet sin provecho y hemos perdido el tiempo entre una avalancha de opciones en redes sociales y plataformas televisivas, rendidos y ahítos. No podemos mantener abiertas todas las opciones, sostiene el autor, pues nos estanca en un bucle sin fin, saltando de un lugar a otro en busca de la luz que más brilla y negándonos a elegir. La cultura de la inquietud y la indecisión origina tensión y parálisis, pero se combate mediante el compromiso.

5.5. Los marcos

Los marcos (*framing*, en inglés) cobran suma importancia. Sería la concepción por defecto que lleva incorporada una ideología concreta que pretende inocularse al sujeto receptor. Una suerte de propaganda localizada. Las noticias que dan los medios de comunicación, por ejemplo, llegan «enmarcadas». Otro tanto sucede con las políticas públicas,

---

115   *Vid.* DAVIS, Pete; *Compromiso. Una contracultura en la época de la navegación infinita*, Rialp, Madrid, 2023.

los programas o las ideas de los partidos políticos[116]. Pongamos algunos ejemplos.

En el debate de la vivienda, se puede leer quien habla de «okupa» y quien habla de «inquilino vulnerable». El *framing* de lo que sería la derecha utiliza el término «okupa» para referirse a cualquier persona que more una vivienda sin pagar, lo que genera una imagen negativa que exige mano dura para combatirla. El *framing* de la izquierda prefiere «inquilino vulnerable» o «familia en exclusión», enfocando el problema en la falta de vivienda y en el siempre destendido derecho social a la vivienda digna.

Respecto al proceso independentista catalán pudimos leer que era desde un «golpe de Estado» hasta la manifestación de la «voluntad popular y el mandato democrático» del pueblo catalán. El framing que hicieron los partidos constitucionalistas se basó en hablar de referéndum del 1-O como un «golpe de Estado» o un «ataque a la democracia», resaltando la inconstitucionalidad de la medida. Por el contrario, el framing del independentismo apoyaba el «mandato del pueblo catalán», que en realidad proviene de un «ejercicio de democracia», apelando al (inexistente) derecho a decidir.

En cuestiones feministas, tenemos una clara divisoria entre quienes hablan de la «Ley de violencia de género» y la «Ley de violencia intrafamiliar». Mientras que el framing progresista habla de la violencia de género para destacar la estructura de desigualdad que la motiva y la necesidad de medidas específicas, el framing conservador (especialmente de Vox) prefiere la noción *violencia intrafamiliar*, negando la existencia y utilidad de la perspectiva de género y enfocándolo como un problema que afecta, al menos potencialmente, a todos por igual.

---

116   El framing es tanto «de izquierdas» como de «derechas» según Dreher, R; *Vivir sin mentiras. Manual para la disidencia cristiana*, Ediciones Encuentro, Madrid, 2021, p. 51 y ss. No obstante, propende la primera en los últimos tiempos («justicia social», «discriminación interseccional». Sobre este último fenómeno (vivimos en una sociedad socialista por defecto), es imprescindible la lectura de Palacios Gómez, J.L; *La sociedad socialistamente socializada. Un ensayo sociológico*, Letrame Editorial, Almería, 2023, especialmente p. 121 y ss.

Hoy, respecto al franquismo, también podemos ver un ejemplo de marco de manual. Mientras el Gobierno habla sin cesar de la «Memoria democrática», supuestamente para reparar a las víctimas franquistas, los conservadores hablan de una «revisión del pasado» donde se reabren heridas sumamente divisivas para la sociedad.

6

LOS PELIGROS DEL TRABAJO INTELECTUAL

Son legión los peligros que acechan a los quehaceres intelectuales. Distanciarse de los problemas prácticos, proponer soluciones desde el papel que nada arreglan y todo lo estropean, cultivo de ínfulas y arrogancia por doquier, irresponsabilidad, fatuidad cuando no fraude intelectual sin disimulo. Francis Bacon dijo que la sabiduría egoísta provoca seres enamorados de sí mismos que abrasarían una casa con tal de freír dos huevos[117]. El laburo intelectual se presta a ciertos fenómenos especialmente acusados: las teorías cínicas que circulan por los meandros académicos; el absurdo tabú de la ignorancia; y el cultivo de lo que Tolstói llamó «la falsa ciencia». También diremos algo sobre la ansiedad, acerca de cómo Oakeshott acude a nuestro rescate, y también respecto del intelectual como experto.

6.1. Lo *woke* y las teorías cínicas

Lo *woke* destruye la calidad académica y sus adláteres: rigor, seriedad y estudio[118]. Dicho en otros términos, el activismo nunca engrandeció la institución universitaria, antes,

---

117   *Vid.* Bacon, F; *Ensayos*, Galaxia Gutenberg, 2023, Barcelona, p. 126.

118   No podemos confundir lo serio con lo profundo. Leys dice que en el periódico el editorial es serio y la caricatura divertida; sucede que bastantes veces el editorial es verboso y la caricatura penetrante. *Vid.* Leys, S; *La felicidad...*, *op. cit.*, p. 129.

al contrario, la degrada, la embrutece, y la esteriliza. En lugar de anhelar ser ciencia, se rebaja al sustrato de lo ideológico. Y no recuerdan, o no quieren recordar, que las ideologías nunca son inocentes[119]. Así es como el *wokismo* gana cuotas de poder y relevancia, supeditando la consecución de objetivos políticos y de justicia social a trabajos científicos de fondo[120].

En este contexto es ineludible citar una de las obras más importantes que se han escrito en los últimos tiempos, pues desenmascara las tesis posmodernas[121]. Sus autores, intelectuales con todas las letras, decidieron mostrar las miserias que campan a sus anchas dentro del pensamiento posmoderno, especialmente en el ámbito de ciertas revistas científicas. El subtítulo que tiene su libro es elocuente y apunta a un fenómeno no por conocido menos insidioso: trufar de ideología y prejuicios el campo científico, haciendo pasar por ciencia lo que no es sino ideología o política, en el mejor de los casos. David Bloor llamaba la atención sobre el hecho de que las teorías del conocimiento son reflejo de las ideologías subyacentes. Por eso defendía que el conocimiento debía estudiarse científicamente o, de lo contrario, solo proyectaremos nuestra ideología sobre él, convirtiendo la epistemología en mera propaganda[122].

El lector ya habrá adivinado que estamos ante una especie de segunda parte del «Escándalo Sokal», hecho que tuvo lugar en 1996 cuando Alain Sokal, físico y profesor en la Universidad de Nueva York, mandó un artículo a una de las principales revistas posmodernas *(Social Text)* repleto de afirmaciones absurdas sin sentido pero rico en jerga inextricable. El artículo fue aceptado y publicado, lo que demostraba tanto

---

119   *Vid.* Marsal, J.F.; *La sombra del poder. Intelectuales y política en España, Argentina y México*, Cuadernos para el Diálogo, Madrid, 1975, p. 11.

120   *Vid.* Coignard, S; *La tiranía...*, cit, p. 137 y ss.

121   Pluckrose, H; y Lindsay, J; *Teorías cínicas. Cómo el activismo académico hizo que todo girara en torno a la raza, el género y la identidad y por qué esto nos perjudica a todos*, Alianza editorial, Madrid, 2023.

122   *Vid.* Bloor, D; *Conocimiento e imaginario social*, Gedisa, Barcelona, 1998, p. 126 y ss.

la nula credibilidad de las teorías posmodernas como que la intuición de Sokal era acertada.

Pluckrose y Lindsay argumentan que ciertas teorías académicas, fundamentadas en el posmodernismo y la justicia social, están subvirtiendo el conocimiento en campos como la sociología o la filosofía, por citar dos, dando paso a los estudios de género y a los estudios culturales, ámbitos centrados en la política identitaria, en la idea de que la sociedad está estructurada por dinámicas de poder basadas en la raza, el género o la sexualidad que conforman, como dicen los autores, «La Teoría Posmoderna».

En el libro se expresa una sincera y honda preocupación por las consecuencias de estas teorías, pues alimentan una cultura de la censura, de las cancelaciones, de los linchamientos y de una ingente intolerancia frente a opiniones disidentes. El diálogo deviene imposible y la creciente división y polarización sociales solo ahondarían en el fenómeno. Nuestros autores proponen como alternativa un liberalismo sin identitarismo, donde el debate racional entre premisas razonables se abra paso. Lo que se ha llamado «Ciencia» desde el paradigma racionalista.

Estas tesis han sido apoyadas y negadas a partes iguales en el mundo anglosajón, cosechando tantos elogios como críticas. Los elogios arguyen que la ciencia verdadera es lo opuesto a cualquier traza posmoderna. Para este sector, existe el mundo objetivo aprehensible por el ser humano mediante las técnicas y herramientas científicas. Para el sector crítico, los autores simplifican y tergiversan las ideas posmodernas, demostrando así que la sentencia condenatoria contra el posmodernismo estaba dictada de antemano siendo el libro fiel reflejo de ello. Que juzgue el lector.

6.2. Agnotología e ignorancia

Comencemos por lo obvio: la ignorancia es el estado natural del ser humano (también de los más sabios: conocen una islita dentro de un océano de desconocimiento). Entre los profesores universitarios es, al contrario, un gran tabú. Se supone que somos auténticos expertos en *nuestra* materia, sabios atemporales que cultivan con esmero hasta el más pequeño detalle de sus disciplinas. Sucede que hasta el más sabio de entre los sabios suele decir que nada sabe. Y tiene sentido: cuanto más se profundiza en una ciencia, más consciente se es de lo inabarcable, de lo que siempre e inevitablemente quedará fuera del alcance. Otra paradoja de la vida. Dicho eso, convendría distinguir dos aspectos. El primero es la agnotología, esto es, el estudio científico de la ignorancia[123]. El segundo es la ignorancia propiamente dicha en tanto que desconocimiento de las cosas[124].

La agnotología se basa en descubrir lo que no sabemos. Según Robert Proctor, los filósofos se centran demasiado en el conocimiento y demasiado poco en la ignorancia, «que es mucho más común, más retorcida y peligrosa». Proctor lleva lustros estudiando «las causas de las causas». Es decir: sabemos que los cigarrillos causan cáncer, pero ¿qué causa los cigarrillos? Frecuentemente hacemos del conocimiento nuestro fetiche, sin asumir lo mucho que ignoramos sobre la ignorancia.

Proctor cree que saber poco sobre la ignorancia no es siempre negativo. Hay una ignorancia virtuosa, en forma de resistir y limitar el conocimiento peligroso. De hecho, existen intelectuales creativos expertos en ignorancia, pues saben dónde encontrarla y cómo hacerla desaparecer. Los ejemplos que pone sobre la industria tabacalera son elocuentes.

Proctor diferencia tres tipos de ignorancia: pasiva, estratégica y virtuosa. La ignorancia pasiva (como algo perdido o como decisión activa) se fomenta aquí y se desincentiva allá. Enfocar la vista en A implica no enfocarla en B. Una forma de ver es una forma de no ver. La ciencia es como cortar el césped: elige cualquier trozo para empezar pues al final todo

---

123   *Vid.* Proctor, R.N; y Schiebienger, L (eds); *Agnotología. La producción de la ignorancia*, Prensas de la Universidad de Zaragoza, Zaragoza, 2022.

124   *Vid.* Burke, P; *Ignorancia. Una historia global*, Alianza Editorial, Madrid, 2023.

se parecerá bastante. Esto es muy jugoso para el poderoso, porque una vez perdido o destruido algo (un libro, una cultura, una especie), no vuelve a la vida.

La ignorancia estratégica (como constructo activo), por su parte, se fabrica, se mantiene y se manipula por medio de diversas técnicas. La ignorancia no es una laguna sino un bien. Los secretos son tan antiguos como el pensamiento humano. Pensemos en la revisión por pares en el ámbito académico, método tan empleado en el siglo XXI. El coste personal para el autor es obvio, pues no se sabe quién dice lo que dice. O el secreto científico, pues la mayor parte de la ciencia empieza como algo gremial que respeta los secretos y arcanos del oficio. Las ideas, en fin, solo se comparten en espacios sociales restringidos.

En este esquema, el conocimiento es poder y peligro; la amnesia institucional puede ser tan valorada como la memoria institucional. Proctor cree que la industria del tabaco es muestra inmejorable de ignorancia manufacturada por intereses crematísticos. Fingía su propia ignorancia, afirmaba que «no había pruebas» de que fumar provocase cáncer, y hacía todo lo posible por fabricar una ignorancia destinada al público fumador. Son formas de ignorancia estudiada, fundamentadas en el antiguo mecanismo de introducir «arena en el engranaje». Otro aspecto donde Proctor ve esta faceta de la ignorancia es el secreto militar, cuyo análisis conduce a la conclusión de que buscar el rigor es una mera estrategia para retrasar la acción. La precisión esconde una prevaricación.

Finalmente, se eleva la ignorancia virtuosa, es decir, el no saber como cautela moral. Por ejemplo, la llamada «ética de la investigación» ilustra que en determinadas cosas preferimos ser ignorantes, por lo que pueda pasar. No merece la pena saberlo todo a cualquier precio. Cuando las cadenas de EE. UU. informaban día y noche de cómo el enemigo podría bombardear el país ofrecieron preocupación e inseguridad. Wes Jackson decía que la Universidad moderna es un motor de distracción. Entonces, ¿hace falta encerrar en la torre de marfil ciertos tipos de producción de conocimiento? ¿No será que lo que sale de algunos departamentos universitarios es mera tinta de calamar?

6.3. La falsa ciencia, según Tolstói

Tolstói combatió la *falsa ciencia*. Para él, cuando aceptamos verdades incontestables sin verificarlas caemos en la superstición. Al hacerlo, los presuntos científicos emplearán jerga incomprensible, pues la falsa ciencia siempre expresa sus dogmas en lenguaje grandilocuente, que al no versado le parece misterioso y, por ende, atractivo o profundo. Tolstói lo dice alto y claro: «lo misterioso no es señal de sabiduría. Cuando más verdaderamente sabio es un hombre, más sencillo es el lenguaje en el que expresa sus pensamientos»[125].

La buena ciencia indaga en las verdades al servicio del bienestar de los hombres, mientras que la mala ciencia justifica las mentiras que introducen el mal en la vida humana. Cuando se hace mala ciencia, se justifican las debilidades que uno tiene, lo que acaba extraviando a las personas, que pasan a malvivir. El mejor e indispensable conocimiento para el pensador ruso es aquel que nunca se enseña: cuál es el sentido de la vida humana y cómo debemos vivirla, especialmente en base a los grandes sabios. No es la cantidad de conocimientos lo importante sino su calidad: se puede saber mucho sin saber lo indispensable, dice el maestro Tolstói. Con sus propias palabras: «el conocimiento de una gran cantidad de tonterías es un obstáculo insalvable para saber aquello que verdaderamente es necesario»[126]. Al fin y al cabo, Tolstói remarca la frase de Montesquieu quien decía «amar a los campesinos por no ser lo suficientemente instruidos como para razonar equivocadamente»[127]. Poco se puede añadir.

En ese sentido, Zagrebelsky, citando a Primo Levi, dirá que si tenemos la posibilidad de elegir —y normalmente podemos

---

125 *Vid.* Tolstói, L; *El camino de la vida*, Acantilado, Barcelona, 2019, p. 362 y ss.

126 *Vid.* Tolstói, L; *El camino...*, cit., p. 373.

127 *Vid.* Tolstói, L; *El camino...*, cit., p. 385.

elegir lo que estudiamos e investigamos— deberíamos escoger aquello que sea menos peligroso y doloroso para nuestros coetáneos y para los futuros. No hay nada parecido a la «ciencia neutral», pues sabemos de antemano si del huevo que incubamos nacerá una serpiente, una paloma, una quimera o nada en absoluto[128].

Otro de los peligros tradicionales del trabajo académico es hacer del puesto de trabajo una trinchera política desde la que sermonear con lo presuntamente bueno y vituperar y denostar lo supuestamente malo. Este efecto es más acusado en académicos que se proclaman de izquierda. La derecha suele ser respetuosa para con las tradiciones y las instituciones y por ello experimenta en casa y con gaseosa. La izquierda académica, convencida de su propia e intrínseca bondad y de estar del lado de la virtud, no ceja en el empeño de moldear mentes jóvenes (los no tan jóvenes ya vienen de vuelta de según qué cosas). De intentar ganar adeptos para la causa, en pocas palabras.

No es baladí recordar algo que sabemos desde hace lustros, de la mano de Marvin Harris. Todo Estado ha tenido y tiene especialistas que realizan servicios ideológicos a favor de dicho Estado, cantando las bondades de su sistema político. El principal mecanismo del que gozan es la educación obligatoria, entre cuyas funciones se encuentra el adoctrinamiento político. Cuanto más esencial se torna la política para mantener la ley y el orden, más miedo y odio se infundirá en los jóvenes. Se opta por controlar el pensamiento antes que, por coaccionar físicamente a las personas, pero no olvidemos que las democracias también tienen armas, policías y cárceles de todo tipo[129].

Podemos especular sobre las razones que llevan a los profesores de universidad a politizar las aulas y las clases, esa tendencia tan *roussonianamente* propia de sistemas autoritarios y totalitarios. Es archiconocida la visión de Rousseau: los niños son del Estado, no de los padres, y aquel debe

---

128 *Vid.* Zagrebelsky, G; *La clase*, Rialp, Madrid, 2024, p. 81 y ss.

129 *Vid.* Harris, M.; *Antropología cultural*, Alianza, Madrid, 2022 (1.ª edición: 1990), p. 325 y ss.

impartir la educación desde edad bien temprana. Robespierre y Peletier idearon un plan en la Francia revolucionaria con el que pretendieron internar a los niños desde los cinco años. La atrocidad se comenta sola[130].

Politizan porque responden al sistema de incentivos como cualquier hijo de vecino. Quizá busquen medrar. Quizá congraciarse con el poder a cambio de sinecuras, prebendas, puestos, dictámenes o cualquier otro beneficio. También se dirigen tanto a los suyos (prietas las filas) como al público potencial (pesca de arrastre) para captar abducidos. Influir en la opinión pública siempre resulta tentador pero los cruzados tienden a lancear *a moro muerto*[131].

Hay bastantes razones negativas cuando se une trabajo intelectual con soflama política, especialmente si se hace desde un púlpito académico. Siguiendo a Hitz, la vida intelectual está más allá de la política pues la supera y desborda: su compromiso es humanista, no político. La política es división, facciones, y nosotros contra ellos. La vida intelectual es intentar comprender al ser humano, admirar su belleza, lamentarse de sus vicios, preocuparse siempre por el otro. Sin esa cultura y sin compromisos compartidos tales divisiones se vuelven tóxicas. La política tiene más de competición que de esfuerzo compartido. La comunidad de aprendizaje no tiene fronteras ni ejércitos. La búsqueda compartida de conocimientos debe estar por encima de los baños de sangre, las luchas callejeras y las guerras dialécticas[132].

Max Weber era de la opinión de que debía acceder a la profesión universitaria cualquier persona válida, sin importar su filiación política o adscripción partidaria. Así es como pudo

---

130   *Vid.* L'Ecuyer, C; *Conversaciones con mi maestra. Dudas y certezas sobre la educación*, Espasa, Barcelona, 2024, 3.ª edición, p. 140 y ss.

131   La eventual influencia del maestro sobre el discípulo es reseñable e igualmente peligrosa pues se convierte no en alguien que enseña «libros» sino en alguien que orienta y guía para la vida. *Vid.* Bárcena, F; *Maestros y discípulos. Anatomía de una influencia*, Ápeiron Ediciones, Madrid, 2020, p. 16.

132   *Vid.* Hitz, Z; *Pensativos. Los placeres ocultos de la vida intelectual*, Encuentro, Madrid, 2022, p. 131 y ss.

llegar a decir: «no queremos fisgoneo ideológico. Quien lo practique es un canalla»[133]. Cosa bien diferente es hacer del púlpito académico una soflama política constante. La libertad de cátedra ampara que el profesor imparta su materia con plena libertad de expresión[134]. No es cuestión de constitucionalidad sino de legitimidad. ¿Tiene sentido adoctrinar a quienes ya saben lo que es ser adoctrinado? ¿Qué beneficios académicos presenta? ¿Acaso ayuda a los estudiantes escuchar estos discursos? Tal y como dice Ken Bain, los mejores profesores no hacen exhibiciones de poder, sino que invierten en sus alumnos porque les importan como personas y como estudiantes[135]. Ahí reside el quid de la cuestión: tratarles como personas, no como receptáculos vacíos a rellenar por el ideólogo de turno con la ideología consabida. Como dice Heinich, el activismo embrutece, degrada y esteriliza el trabajo académico y en lugar de elevarlo a ciencia lo rebaja a ideología[136].

También se debe recordar, junto a Davies, que el científico es todo lo contrario del político profesional porque sabe separar sus sentimientos de sus observaciones. Son mediadores honestos, puente entre las comprobaciones empíricas y la agenda política. Les dice a los políticos: esto es lo que hay. Hechos. Certezas. Mucho «es» y nada «debe ser». Por no mencionar que los llamados «expertos», en cuanto pontificadores, cosechan fracaso tras fracaso. Recordemos la crisis económica de 2008.

No obstante, la transmisión del conocimiento a veces se distorsiona. Pensar es una cosa y transmitir, otra. El lenguaje

---

133   *Vid.* WEBER, M; *Universidad y política. Escritos y discursos sobre la educación superior*, Gedisa, Barcelona, 2023, p. 90. La edición original de este compendio vio la luz entre 1895 y 1920.

134   Ocioso es recordar que no siempre fue así. Para ver un análisis de la cuestión en la historia constitucional española puede consultarse SOUTO GALVÁN, B; *La libertad de cátedra y los procesos de depuración del profesorado. Desde principios del s. XIX hasta la Constitución de 1978*, Marcial Pons, Madrid, 2005. También le dedica amplios esfuerzos LOZANO CUTANDA, B; *La libertad de cátedra*, Marcial Pons, Madrid, 1995, p. 25 y ss.

135   *Vid.* BAIN, K; *Lo que hacen...*, cit, p. 155.

136   Citado por COIGNARD, S; *La tiranía...*, cit., p. 138.

puede ser malinterpretado. Además, aparece la arrogancia inevitable del humano: las personas solo podemos conocer nuestros propios pensamientos y así llegamos a creer que lo que uno piensa es mejor que lo *pensado* por los demás. Por no mencionar que las palabras, como se suele decir, se las lleva el viento: no tenemos forma de saber ni de testar si lo que nos dice un profesor de universidad en cuanto «experto» (si es que lo es) se cumplirá o no, se basa en certezas o no. Quizá por eso cierto tipo de profesor de universidad hace política en clase, porque no sabe ni quiere saber de lo suyo.

Davies presta especial atención a las reflexiones de Hayek en la materia. Hayek siempre se asustó del potencial de los intelectuales para ofrecer cobertura y legitimidad a sistemas políticos tiránicos. A diferencia de lo que sucede con quienes gozan de nutridos conocimientos prácticos por conocer en profundidad su negociado (un empresario, un tendero, o un barrendero), el intelectual pretende vender la idea de que conoce la sociedad y lo que esta necesita. Aquellos que aplican su conocimiento a cosas concretas son los predilectos de Hayek. En otros términos: el conocimiento de un hombre de negocios de economía es mucho más acertado, aproximado y fiable que el de un economista que enseñe en la universidad. Precisamente por eso es tan difícil poner este tipo de conocimiento pragmático por escrito. Porque es exclusivo de la persona que lo posee y no puede comunicarse al público de un modo directo mediante libros, artículos y/o conferencias. Dicho con una frase lapidaria: el conocimiento del que conoce de veras algo no es una representación del mundo sino la habilidad para manipularlo. Es un saber «cómo», no un saber «qué». Para Hayek este tipo de conocimiento era mucho menos peligroso que el de los intelectuales. Perseguir una realidad común (pasatiempo de intelectuales) es destruir la libertad.

La generalización es típica en ellos, lo que supone un salto injustificado: lo que comienza como un esquema mental de interpretación se convierte en un relato de por qué suceden las cosas como suceden. Los expertos, los intelectuales, pretenden explicarnos cómo es la sociedad y lo que debemos hacer en ella, pero lo cierto y verdad es que ni saben ni pueden hacerlo. Además, es peligroso porque se convierte en una forma monopolística de definir los hechos, lo cual es, además de muy atrevido, errado. Nadie tiene ni puede tener ese conocimiento de la sociedad. El mercado distribuye mucho mejor información y conocimiento, sin necesidad de blasonar de experto[137].

Quienes mejor han captado el *espíritu de los tiempos* y, de paso, explicarnos el drama que se sustancia en la universidad norteamericana han sido Pluckrose y Lindsay, como dijimos en páginas anteriores. A riesgo de menoscabar el ímprobo esfuerzo que desarrollan en una obra de obligada consulta, y aun a riesgo de simplificar en exceso sus reflexiones, destacaremos sus principales hallazgos. Y es que una serie de profesores de universidad llamados Derrida, Foucault y Lyotard diseminaron la ideología posmoderna: nada es seguro, todo es relativo. Al socaire de mayo del 68 se propalaron mantras que no son verdades ni, mucho menos, Verdad[138]. Ya dijo Machado, a través de Juan de Mairena, que quien afirma que la verdad no existe pretende que eso sea la verdad, incurriendo en palmaria contradicción[139].

Defienden que el conocimiento es situado y fabricado por la élite dominante para domeñar al subyugado. Así, toda relación es poder, lenguaje, conocimiento sobre el conocimiento y relaciones entre oprimidos y opresores. Dicen verse obligados (¡!) a abogar por la Justicia Social, en base a la teoría crítica, que es tanto como desear morbosamente subvertir el orden allá donde exista. Se enseña tales cosas a los alumnos (y feminismos varios, teorías transgénero, teoría crítica de la raza, estudios sobre gordofobia...) en ciertas universidades por profesores que son meros militantes. Se crean nuevos puestos de trabajo como el de «Responsable de Diversidad, Equidad e Inclusión», inquisidores a la búsqueda de prejuicios por cada rincón, con sueldos más altos

---

137 *Vid.* Davies, W; *Estados nerviosos. Cómo las emociones se han adueñado de la sociedad.* Sexto Piso, Madrid, 2020, 2.ª edición, p. 240 y ss.

138 *Vid.* Carabante, J. M.ª; *Mayo del 68. Claves filosóficas de una revuelta posmoderna*, Rialp, Madrid, 2018, p. 35 y ss.

139 *Vid.* Machado, A; *Juan de Mairena. Sentencias, donaires, apuntes y recuerdos de un profesor apócrifo*, Página Indómita, Barcelona, 2022, p. 17.

que el de los catedráticos. Como se lee. La solución que Pluckrose y Lindsay proponen es liberalismo liberado de políticas identitarias. La única forma de resolver conflictos que permite diferencias de opinión y diversidad de puntos de vista, cuyo centro de gravedad es la libertad de pensamiento y de expresión, donde se valora el individuo desde la firme convicción humanista.

Creemos en los profesores, guías que nos enseñan caminos inexplorados e ignotos[140]. Que nos hagan pensar con rigor y profundidad sobre las cosas que nos inculcaron. Que ofrezcan instrumentos para que los alumnos tengan pluralidad en la caja de herramientas. Deben ayudar a profundizar en el hábito de la reflexión, en construir propias ideas y convicciones, no en endosar pautas ideológicas[141]. Francis Bacon dijo que lo estudios sirven o para deleitarse, o para darse ornato o para aumentar nuestras capacidades. Pero prevenía frente a los excesos en un doble sentido. Por un lado, quien mucho estudia es un perezoso y quien juzga solo por lo leído no es sino un erudito sin pensamiento propio. Los prudentes saben que los estudios no enseñan nada por sí mismos si detrás no late un juicio que los articule. Leer y estudiar solo tiene sentido para valorar los asuntos por uno mismo[142].

En el fondo, no parece que los rudimentos del debate hayan sufrido alteraciones. En la revolución francesa se dieron las dos posturas que perviven en franco desacuerdo hasta hoy. Por un lado, las tesis de Condorcet, quien defendió que la educación pública debe limitarse a instruir y transmitir conocimientos, no valores. Por otro, las tesis de Talleyrand, quien abrazaba la idea de que el Estado debe ser promotor y ejecutor de la moral revolucionaria y, en consecuencia, mutar en elefantiásico educador. La Constitución exigía ir más allá del texto escrito para llegar a los corazones de los ciudada-

---

140   Para Zagrebelsky, el profesor marca el camino como guía gracias a lo que ya sabe, no manipulando. *Vid.* ZAGREBELSKY, G; *La clase*, Rialp, Madrid, 2024, p. 67.

141   Esta idea la tomo de DERECSIEWICZ, W; *El rebaño excelente. Cómo superar las carencias de la educación universitaria de élite*, Rialp, Madrid, 2019, *passim*.

142   *Vid.* BACON, F; *Ensayos*, Galaxia Gutenberg, Barcelona, 2023, p. 241.

nos, trayendo nuevos hábitos y comportamientos. Cualquier Constitución requiere de una moral conforme a ella.

Si tuviéramos que resumir lo que hemos dicho hasta ahora resalta lo problemático de que un profesor introduzca ideología o política en el aula universitaria.

En primer lugar, compromete la objetividad del aprendizaje. El propósito principal de la universidad es fomentar el pensamiento crítico y la adquisición de conocimiento basado en hechos, datos y análisis riguroso. Cuando un profesor introduce su ideología personal, puede sesgar la enseñanza, priorizando sus creencias sobre la evidencia, lo que limita la capacidad de los estudiantes para formar sus propias conclusiones de manera independiente.

En segundo lugar, crea un ambiente de adoctrinamiento. El profesor puede caer en la tentación de persuadir a los estudiantes de adoptar su visión política o ideológica. Esto va en contra del espíritu académico, que debería promover la diversidad de ideas y el debate abierto, no la imposición de una postura concreta.

En tercer lugar, alimenta una clara desigualdad de poder. Los estudiantes están en una posición vulnerable frente al profesor, quien tiene autoridad para evaluar y calificar. Si el profesor fomenta una ideología, los estudiantes podrían sentirse presionados a alinearse con ella para evitar represalias académicas (reales o percibidas), lo que coarta su libertad ideológica, de expresión y de pensamiento. Tal extremo intensifica la polarización del aula, lo que contribuye a dividir a los estudiantes en bandos, generando tensiones innecesarias y apartándose de los objetivos académicos. El aula debería ser un espacio de colaboración intelectual, no un campo de batalla ideológico.

En cuarto lugar, cuanto más política e ideología se haga, más se alejan docentes y discentes del contenido curricular. No es baladí recordar que el tiempo en clase es limitado y debe dedicarse al contenido del programa que el profesor barruntó *lato sensu* al inicio del curso. Insertar discusiones políticas o ideológicas no relacionadas puede restar profundidad al material académico, dejando a los estudiantes con una formación incompleta en aquello que vinieron a estudiar.

En quinto lugar, hacer política en el aula es divisivo y excluyente. No todos los estudiantes comparten las mismas creencias o contextos culturales, sociales o económicos. Un profesor que promueve a toda costa su ideología apartará a quienes no se identifican con ella, haciendo que el aula deje de ser un espacio para todos y pase a reflejar solo la visión del docente (y, en el mejor de los casos, de unos pocos). Esto erosiona, a su vez, la credibilidad académica. La universidad se basa en la confianza de que los profesores actúan como guías en la búsqueda del conocimiento. Si los estudiantes perciben que el profesor usa su posición para avanzar una agenda personal política esto minará la autoridad intelectual del docente y, a mayores, de la propia Universidad.

En el aula universitaria debe priorizarse el aprendizaje crítico y la exploración intelectual, no un escenario donde el profesor proyecte, sin solución de continuidad, sus opiniones políticas o ideológicas. Esto no significa que no se puedan discutir temas controvertidos, sino que deben abordarse desde una perspectiva lo más cercana posible a la neutralidad analítica, permitiendo a los estudiantes desarrollar sus propios puntos de vista sin coerción.

Siguiendo Ruiz Miguel, el principal deber del profesor es decir y defender la verdad, esto es, distinguir entre ciencia e ideología e impedir que la política cotidiana se cuele en el aula. A tal fin servirían algunas cautelas. En primer lugar, dar las mejores razones sobre nuestras valoraciones. En segundo lugar, no hacer pasar nuestra pretendida objetividad por infalibilidad. En tercer lugar, evitar el dogmatismo reconociendo abiertamente tanto que dudamos como que la vida es pluralismo ideológico[143].

---

143 *Vid.* Ruiz Miguel, A; «Recuerdos, consejos y deseos de un profesor universitario con motivo de su jubilación», *Almacén de Derecho*, 22 de diciembre de 2023. En línea: https://almacendederecho.org/re-cuerdos-consejos-y-deseos-de-un-profesor-universitario-con-moti-vo-de-su-jubilacion. Último acceso: 21/7/2025.

6.4. La ansiedad

Otro de los grandes peligros que acecha al intelectual universitario es la ansiedad, circunscrita a una panoplia de enfermedades mentales que afectan especialmente al colectivo, como la depresión y el estrés. Entre las causas principales de este malestar se encuentran la sobrecarga laboral, la presión por publicar, la inestabilidad laboral y la dificultad para conciliar vida profesional y personal. Jornadas extensas, falta de descanso y carga emocional severamente negativa son factores que contribuyen al desgaste laboral. Nos centraremos en la ansiedad, porque es una emoción que, quien más quien menos, ha sufrido en diferentes intensidades.

Siguiendo a Scott Stossel, la ansiedad puede manifestarse como neurastenia, una debilidad o postración nerviosa, propia de profesores de universidad[144]. Estamos ante un trastorno neurótico caracterizado por un cansancio inexplicable que aparece después de realizar un esfuerzo mental o físico. Suele tener como consecuencia una disminución en la eficiencia para resolver tareas cotidianas y, si el trastorno se prolonga en el tiempo, puede llegar a causar depresión.

Según Stossel, este síndrome afecta especialmente a trabajadores intelectuales, porque su sistema nervioso se halla sometido a abrumadores cambios y exigencias. Es cierto que la criatura humana se halla en constante exigencia, incluso en peligro, y siente una presión desmedida por la evolución biológica y cultural, que discurre a una velocidad vertiginosa. La constante adaptación genera ansiedad. Los ascensos, la ANECA, los sexenios, el quinquenio, la incertidumbre, la constante comparación. Tales hechos generan neurastenia, prisas e inquietud caldo de cultivo de patologías mentales nerviosas. Los griegos o los romanos no tenían esta enfermedad. Los seguidores de San Pablo, tampoco.

En ese sentido, la neurastenia era una dolencia propia de la élite, pues afectaba a gente muy competitiva con una sensibilidad especial. El «nerviosismo» se convirtió en un indica-

---

144   S̲ᴛᴏssᴇʟ, S; *Ansiedad. Miedo, esperanza y la búsqueda de paz interior*, Planeta, Barcelona, 2016, p. 25 y ss.

dor de categoría social y refinamiento cultural. La élite victoriana llegó a cultivar sus dolencias nerviosas. Algo parecido pasa hoy en muchos ambientes, también laborales, como el universitario: el «estar superado» es síntoma de persona ocupada y solicitada, de persona importante.

Las sociedades tradicionales católicas, por poner un ejemplo, suelen ser refractarias a estas enfermedades. ¿Por qué? Que las cosas sean como siempre han sido puede ser deprimente pero también reconfortante y, sobre todo, evita los síntomas anteriores. La vida tiene una cadencia familiar, sin sobresaltos; no hay hiper exigencias ni auto-explotación. No hay que levantarse a las 5.30 am para hacer dos horas de crossfit y continuar con una jornada infernal hasta las 23.00 pm. No hay necesidad ni esperanza de «progresar». No hay temor a la decadencia. Se aceptan las cosas tal y como son y tal y como vienen. El trabajo académico en la actualidad es todo lo contrario. Así nos luce el pelo. A día de hoy la capacidad de elección es tan abrumadora que es inevitable tener cierta ansiedad. Traducido al quehacer universitario: las múltiples exigencias en las que se desgrana este trabajo convierten en cotidianos los males sufridos. Controles por doquier, horizontales y verticales. Exámenes y encuestas. Cursos de formación que parecen amenazas. En conclusión: mucha capacidad de elección, mucha oferta y mucha exigencia es sinónimo de ansiedad disparada.

Tal vez, así vista, la ansiedad sea un lujo que podemos permitirnos. Tenemos que elegir nuestro propio papel en esta agobiante función. El famoso «vértigo de la libertad», que genera ganas de escapar de dicha libertad. Autores como Tillich explican el ascenso del nazismo por pura ansiedad de la población. Un efecto colateral es el miedo. Estamos pasmados por el miedo, nos atraviesa la vida. Quienes viven en el temor nunca se sienten libres, decididos y seguros. ¿Y en África qué pensarán de todo esto? Se morirán de risa, lo más probable. En Occidente ya no nos comen tigres o mamuts: nos comen nuestras mentes.

Seríamos injustos si solo viéramos lo malo de la ansiedad. ¿Acaso tiene algo bueno?, podría preguntarse el lector. En ocasiones, se asocia al genio artístico. Emily Dickinson,

Kafka, Woody Allen, todos ellos han sido neuróticos ansiosos. David Hume y John Stuart Mill se rompieron psicológicamente después de hacer esfuerzos intelectuales intensos. Se recuperaron, especialmente el segundo, siendo menos analíticos y desarrollando facultades emocionales y estéticas. Parece ser que leyeron poesía y se les pasó. Quizá si logramos aprovechar un temperamento ansioso, trabajaríamos mejor. A lo mejor una pizca de ansiedad no viene mal, si está ligada a logros. La herida y el don están próximos. Profundizar en la ansiedad no solo es regodearte en ella sino ver todo lo bueno que haces y eres. No somos tan débiles como creemos. Manejamos nuestros problemas y prosperamos, a su pesar.

6.5. Oakeshott al rescate

Michael Oakeshott también incide en la capital importancia de la educación «adecuada» cuando se trata de estudiar la «política» en la Universidad. Para el filósofo inglés, la educación inicia al aprendiz en la herencia material, emocional, moral e intelectual dentro de una civilización determinada, enseñándole a reconocer las múltiples expresiones humanas y cómo conversan entre sí. Para eso debemos aprender a hablar, paso previo para decir algo interesante.

Oakeshott entiende la universidad como una asociación localizada de personas que transmite el capital intelectual de una civilización. Es una empresa cooperativa en esencia donde participan diversas mentes. En otros términos: es plural y solo puede ser plural. Para Oakeshott los profesores son también aprendices de algo distinto a lo que enseñan. Con sus propias palabras: «no son personas con un conjunto de conclusiones, hechos, verdades, dogmas, etc., listos para ser impartidos, ni con una doctrina bien demostrada para entregar; ni son personas que puedan ocuparse principalmente de familiarizarse con lo que en su departamento de estudio podría llamarse el *estado actual del conocimiento*.» No es tanto que la Universidad ofrezca información sino una práctica en el pensamiento.

Oakeshott aborda el principal peligro de tal empresa: que los profesores se interesen por la política «en sentido vulgar», cosa que sucede cuando se empeña en enseñar a los alumnos lo que a él le interesa en particular, más allá de que sea inadecuado. Por aquí se cuelan desde ideologías militantes hasta asuntos corrientes de política ordinaria. Lo único que debería interesarnos es hacer llegar nuestros argumentos de forma inteligible, coherente, iluminadora y fecunda. De ahí que deba evitarse emplear en el aula el lenguaje de la política, en beneficio del lenguaje académico[145].

6.6. El intelectual como experto

Permita el paciente lector que reflexionemos sobre el intelectual reconvertido en experto[146]. Va de suyo que indagar en la condición y características del experto es una empresa que supera los objetivos de este librito. No obstante, expondremos algunas ideas al respecto. Por un lado, hablamos de alguien que tiene conocimientos avanzados sobre la teoría y práctica de un campo de conocimiento concreto. Que ofrece una forma racional de organización social eficiente y confiable para lidiar con asuntos en los que no somos competentes. Por otro lado, no es infrecuente que el experto se ponga al servicio de un partido político, vendiendo supuestos conocimientos.

Al entrar en la contienda política su reputación mermará. El experto puede participar en la vida política de maneras distintas: miembro de comités oficiales, haciendo informes para un *think-tank*, participando en la elaboración del programa o ideario de un partido político, aceptando integrar listas electorales, o mediante la «ciencia por encargo». Cuanto más «político» se vuelve el experto, menos credibilidad tendrá como tal. Cuando no importa la verdad sino conquistar el poder, medrar o que el partido de turno tenga éxito,

---

145   *Vid.* Oakeshott, M; *El racionalismo en política y otros ensayos*, Fondo de Cultura Económica, México DF, 2000, p. 177 y ss.

146   Seguimos al profesor Arias Maldonado, M; *(Pos)verdad y...*, cit., p. 172 y ss.

el experto será evaluado por la sociedad conforme a estos méritos, no según sus conocimientos científicos.

Como bien dice Arias Maldonado, el asunto es endiablado. Necesitamos expertos que cumplan con su función honestamente, evitando la contaminación ideológica o partidista. A la vez, gobiernos y partidos necesitan de los expertos para darles una pátina de credibilidad a sus decisiones y cuentan con los recursos para recompensarlos. Wendy Brown ha ido más lejos. Es de la opinión de que el experto académico debe renunciar a cualquier neutralidad para abrazar la defensa de los valores «correctos» (emancipadores), legitimando la instrumentalización ideológica del conocimiento. Recuerda Arias a Weber, quien creía que un académico debía limitarse a proporcionar al estudiante claridad sobre sus acciones. No podrá eliminar la ideología de la ecuación, pero debe hacer todo lo posible por mitigar su influjo[147].

Recordemos, de la mano de Simon Leys, que ciertos ambientes intelectuales se nutren de almas simples y mediocres solemnes que encumbran a quienes se expresan en una jerigonza ininteligible. Personas como Lacan, pasadas por el tamiz de Revel, quedan expuestas sin pudor como ejemplo de charlatanería. Por no mencionar la deshonestidad intelectual que tantas veces denunció el propio Revel en cuanto innumerables «intelectuales» supeditaron su pensamiento a la política partidista. Esos mismos ambientes intelectuales premian el ingenio (matar o morir, esgrima intelectual) pero no saben cómo tratar el humor (humilde al saber reírse de sí mismo). No es difícil concluir que, con las palabras del propio Revel: «la cultura francesa ha irradiado durante tanto tiempo que es asombroso que la humanidad no haya muerto de insolación»[148].

Las grandes civilizaciones son fruto de nuestra naturaleza humana común, de ahí que cultiven valores de fondo similares aun de formas diferentes. En China la calidad estética va unida a la calidad ética. Es capital, para ellos, el cultivo y

---

147   *Vid.* Arias Maldonado, M; *(Pos)verdad y...*, *op. cit.*, p. 180 y ss.

148   *Vid.* Leys, S; *Breviario...*, *op. cit.*, p. 245 y ss.

desarrollo de su propia vida interior. Mientras crea su obra, el artista trabaja fundamentalmente consigo mismo. No se deja seducir por «epatar» al personal. No busca «la belleza», pues eso es una tentativa deshonesta de seducir. La obra refleja al hombre. Lo que un hombre escribe muestra su corazón, sus vicios y virtudes. Escribir, como dijo Zhang Geng, coloca un espejo delante del corazón[149].

---

149   *Vid.* Leys, S; *Breviario..., op. cit.*, p. 401 y ss.

7

TRABAJO INTELECTUAL, LIBERTAD DE CÁTEDRA Y CATECISMO IDEOLÓGICO

El orden constitucional defiende la libertad de cátedra, entendida como la capacidad del profesor para impartir docencia con plena libertad de expresión. Cuanto mayor es el nivel educativo, mayor libertad tiene el profesor para explicar los contenidos del programa sin cortapisas. No obstante, el problema que nos preocupa es otro. La cuestión reside en si el alumno tiene algún mecanismo de defensa ante los excesos en los que pudiera incurrir el profesor tendencioso, aquel que no ceja en el empeño de imponer su ideología.

7.1. Los derechos del alumno

El ejercicio de la libertad de expresión, la libertad ideológica y el derecho a educarse del alumno deben tenerse en cuenta. En caso de que el docente se exceda, el alumno tiene derecho a réplica. A medida que el discente avanza en las fases educativas se le presume mayor capacidad analítica y crítica y, en consecuencia, la posibilidad de cuestionar la sesgada información que reciba del profesor. En segundo término, la doctrina está de acuerdo en que la libertad de cátedra tiene límites expresamente establecidos en la Constitución. Aunque algunos de ellos gocen de cierto margen de apreciación, destacarían los siguientes.

Siguiendo a Rodríguez Coarasa, el primer grupo de límites serían los límites comunes a cualquier profesor. El segundo serían los que afectan a determinados profesores, de estadios educativos inferiores, y/o quienes imparten docencia en colegios privados dotados de ideario[150]. En cuanto a los límites comunes destacan el rigor científico y la sujeción a los contenidos de la disciplina que ha de impartirse. La constitucionalista resume bien su pensamiento: tanta libertad académica como sea posible, tanto orden como sea necesario. Descarta nuestra constitucionalista que los límites establecidos en el artículo 20.4 CE puedan predicarse de la libertad de cátedra («respeto a los derechos de los demás»; «respeto al honor, a la intimidad y a la propia imagen»; y «la protección de la juventud e infancia»). No obstante, la autora reconoce que la protección de la juventud e infancia prohíbe al profesor hacer proselitismo dogmático sobre el menor.

No es baladí recordar la importancia de los derechos educativos del alumno. En la medida en que el discente tiene reconocida la libertad de estudio, se le reconoce el derecho a educarse más allá de lo que su profesor de turno le pudiera inculcar. Esto significa que el alumno podría negarse a aprender contenidos claramente tendenciosos, falsos, y/o de fuerte contenido moral y/o religioso. No puede negarse a estudiar sino a estudiar lo que le digan, cuando le digan y como le digan si esto implica la obligación de hacerlo mediante un único libro (que por supuesto dicta el profesor). Dicho con otras palabras, la libertad de estudio comporta la libertad de expresión del alumno y la posibilidad de estudiar teorías alternativas por textos diferentes a los que ordene el *maestro*. Rodríguez Coarasa entiende contraria a dicha libertad la imposición de las ideas y convicciones del docente, bien por exigir un único manual, bien por establecer un programa puramente ideológico, bien por convertir las clases en la misa de todos los días.

La exigencia de rigor científico es un límite claro, al menos cuando uno enseña a nivel universitario. El objeto de la función docente es transmitir a los alumnos conocimientos científicos,

---

150   *Vid.* RODRÍGUEZ COARASA, C; *La libertad de enseñanza en España*, Tecnos, Madrid, 1998, p. 221 y ss.

por lo que el profesor debe tener claro lo que la inmensa mayoría de la doctrina sienta: la libertad de cátedra no permite que el profesor no enseñe, al igual que tampoco tolera una libertad libérrima al hacerlo. La propaganda política queda fuera de la libre cátedra, criterio que podría atenuarse si se ejerce en el marco de enseñanzas donde el alumno goza de madurez. Dicho eso, son reseñables las diferencias que existen entre las ciencias experimentales y las ciencias jurídicas o políticas. Las primeras obedecen a patrones científicos bien establecidos. La ley de la gravedad no admite la idea de la *gravedad de izquierdas* y la *gravedad de derechas*. En cambio, en las ciencias sociales se alaban las teorías más absurdas, peregrinas o ridículas, en lugar de sumar esfuerzos para establecer bases tan sólidas como en las ciencias experimentales. Omitir que la democracia liberal ha sido el sistema que nos ha permitido salir del fango histórico es, lisa y llanamente, una falsedad. O soslayar que la riqueza la crea la economía de mercado. Hay una recua de presuntos profesores librando una guerra sin cuartel contra lo obvio.

7.2. La materia que enseñar

Otro límite sería el plan de estudios, dentro del cual figuran las guías docentes con los contenidos de la materia. Esto implica que el profesor debe adecuarse al cumplimiento elemental de dicha guía, donde figura no solo el sistema de evaluación o el cronograma, sino también los «temas», los propios contenidos de la asignatura. También queda sometido a los horarios, el lugar y demás exigencias burocráticas —no son pocas— de su trabajo. En fin, la doctrina es pacífica cuando anota que en el nivel universitario el docente dispone de mayor autonomía a la hora de fijar el contenido y metodología de su disciplina.

7.3. Fidelidad a la Constitución

Ciertos representantes de la comunidad académica de juristas señalan la fidelidad del profesor a la Constitución como límite a la libertad de cátedra, especialmente en niveles educativos inferiores al universitario. No obstante, en

España no existe un sistema de democracia militante (al menos según el Tribunal Constitucional y ciertos sectores doctrinales) y, por ello, todo es criticable y la Constitución eventualmente modificable al completo. Para asegurar que las lecciones de clase no se convierten en proselitismo mal disfrazado, se debería partir de la realidad y, a posteriori, criticar lo criticable asumiendo que en España el «régimen del 78» ha servido para restaurar nuestra convivencia en los últimos cuarenta y siete años[151].

En latitudes comparadas sí existe ese deber de fidelidad, especialmente predicable de los estratos educativos de infantil y secundaria. Así sucede en Alemania, caso típico de democracia militante, donde el profesor debe respetar los contenidos constitucionales correspondientes[152].

7.4. Desarrollo de la personalidad y respeto a la democracia y a los derechos fundamentales

Un límite que ofrece juego es el que establece el artículo 27.2 CE: el objetivo de la educación es el desarrollo de la personalidad humana y el respeto a los principios democráticos de convivencia y a los derechos fundamentales. El contenido del precepto es sumamente amplio y el criterio doctrinal interpretativo es que cuanta mayor sea la capacidad crítica del alumno, mayor debe ser la capacidad del profesor de exponer sus puntos de vista, desde el respeto a la verdad y a la objetividad científica[153].

---

151 Defiende que España es y debe ser un modelo militante Fernández de Casadevante, P; «España, una democracia militante», *Revista de Derecho Político*, n.º 119, 2024, p. 135 y ss.

152 Algo dijimos sobre esto en Álvarez Rodríguez, I; *Sobre la libertad académica*, Dykinson, Madrid, 2023, especialmente a la luz del *caso Godenau*.

153 Algunos constitucionalistas entienden el precepto de forma evolutiva, esto es, como ariete de adoctrinamiento del alumno en cuestiones de inclusión, diversidad, feminismo, igualdad de género, lo queer, o la interseccionalidad. En suma: hacer «pedagogías subversivas» donde lo relevante sean «los cuerpos». Los entrecomillados se encuentran en Salazar Benítez, O; «Educación e interseccionalidad una propuesta de interpretación evolutiva del artículo 27.2 CE en términos inclusivos».

Así, Lozano Cutanda cree que en el nivel universitario las exigencias derivadas del principio de neutralidad son menores y permiten reconocer plenamente la libertad de cátedra, tanto más indispensable dado el carácter científico que reviste. El sentido crítico del estudiante le prevendrá sobre posibles adoctrinamientos, pudiendo oponerse, desde su libertad respetuosa, a las tesis ideológicas del docente. Respecto a esa neutralidad, destaca la administrativista que resulta no del deber de abstención de los profesores sino del reconocimiento de la pluralidad de opiniones en la Universidad, criterio extrapolable a la educación en general. Varios pensadores creen que la neutralidad educativa es imposible, al menos en lo tocante a la filosofía educativa del centro en cuestión. Es más, apoyan que dichos centros expliciten de antemano su ideario para que padres y alumnos sepan a qué atenerse y elijan en consecuencia. Por lo demás, se avizora la diferencia entre la neutralidad del centro y la neutralidad del profesor[154].

Perdone el lector una breve digresión sobre el pluralismo. Según Odo Marquard, hacer buena ciencia exige de varias personas haciendo ciencia. Los proyectos interesantes son los que proponen personas que piensan diferente a nosotros. Pero también llama la atención sobre la utilización torticera que algunas corrientes han hecho del término, como el marxismo: primero se «colgó» de la percha del pluralismo para intentar entrar en vidas y haciendas; una vez logrado, persiguió a quienes huían del catecismo marxista. En líneas generales, lo mejor es una *constelación variopinta* de criterios. No puede haber solo un tipo de filósofo, igual que no hay un solo tipo de jurista. Leer a otros es ver más mientras vivimos. Vivimos más desde los ojos de otros. De ahí que sea capital cultivar el pluralismo o, por decirlo con Marquard, «los pluralismos»[155]. La auténtica buena ciencia exige de actitud crítica y perspectivas diferentes que, sobre la base de un consenso,

---

En Martín Guardado, S (dir); *Mujeres, esfera pública e interseccionalidad*, Colex, A Coruña, 2024, p. 137 y ss.

154   *Vid.* L´Ecuyer, C; *Conversaciones con mi maestra...*, cit, p. 166 y ss.

155   *Vid.* Marquard, O; *Felicidad en la infelicidad. Reflexiones filosóficas*, Katz, Buenos Aires, 2006, p. 131 y ss.

planteen diferentes estudios y, eventualmente, ofrecer nuevas respuestas. Como bien dice el profesor Diéguez, sorprenderse, escandalizarse o perder la confianza en la ciencia por la divergencia de opiniones es no entender cómo funciona[156].

Recordemos la importancia de la libertad de estudio del alumno, pues le faculta para participar activa y críticamente en su formación y es libre de orientar ideológicamente su estudio sin temor a ser sancionado. El profesor no puede imponer ideas y convicciones propias, tampoco mediante la exigencia de un texto único para abordar el estudio de la materia. Gozar de un programa o un temario sirve a la libertad académica tanto de profesores como de alumnos[157]. Valgan aquí las reflexiones que hizo al respecto Maeztu. La cultura siempre es polémica y debe hacerse a la cara, no a hurtadillas. Hay que poder hablar de todo. Pero en España muchas veces nuestras polémicas son más desagradables que fecundas porque no tenemos el hábito de disputar con otros. En 1932, Maeztu anota que muchos profesores de Universidad lanzan a los alumnos («jóvenes y sugestionables») a las garras de la política. Para el pensador español los años de Universidad deben ser tiempos de preparación y formación, no de acción. Si los estudiantes de un país no estudian, el país jamás progresará. Cuanto mejor se forme uno, mejor pertrechado está ante la vida y sus constantes retos. Menos críticas desmedidas se creará y formulará y en menos exageraciones caerá. Menos envidiará[158].

Otro tanto podemos decir de las tesis que defiende la constitucionalista Expósito. Entiende como límites específicos a la libertad de cátedra los siguientes[159]. En primer lugar, el carácter científico de la enseñanza, en el sentido de que el

156   Diéguez, A; *La ciencia en cuestión. Disenso, negación y objetividad*, Herder, Barcelona, 2024, p. 53 y ss.

157   Véase Lozano Cutanda, B; *La libertad de cátedra*, Marcial Pons, Madrid, 1995, p. 239 y ss.

158   *Vid.* Maeztu, R. de; *Los intelectuales y un epílogo para estudiantes*, Rialp, Madrid, 1966, p. 151 y ss.

159   *Vid.* Expósito Gómez, E; *La libertad de cátedra*, Tecnos, Madrid, 1995, p. 216 y ss.

derecho fundamental en cuestión no protege las opiniones ideológicas que se hagan al margen de la enseñanza y/o sin el menor rigor científico.

En segundo lugar, el contenido de la disciplina, dado que el profesor no ve amparado su eventual deseo de enseñar «lo que le venga en gana» sino que debe atenerse a un mínimo contenido programático en función del nivel educativo oportuno (huelga decir que el nivel universitario es el menos intervenido a estos efectos). Va de suyo que este límite es complejo de aplicar en las ciencias sociales y humanidades. El programa o la guía docente son más brújulas que mapas, pues no cabe enseñar el siempre cambiante Derecho Constitucional sino a mirar el Derecho Constitucional con ojos de constitucionalista[160].

En tercer lugar, el derecho a la educación, interpretado a la luz del artículo 27.2 CE, puede actuar como límite a la libre cátedra. Expósito se hace eco del criterio del profesor Cámara Villar, quien piensa que este precepto restringe la libertad de cátedra en cuanto que el profesor no puede orientar ideológicamente su enseñanza de manera absolutamente libre: no puede adoctrinar, ni falsear la verdad, ni falsear la Historia, ni seducir o sesgar arbitrariamente la información que ofrece a modo de enseñanzas, en aras de posibilitar el libre desarrollo de la personalidad de sus alumnos.

En cuarto lugar, la profesora Expósito se refiere a la lealtad del docente a la Constitución para decir que no cabe limitar la libertad de cátedra por este motivo. No tenemos en nuestra Norma una disposición igual o similar a la que tiene la Constitución alemana según la cual la libertad de cátedra se supedita a ser fiel a la Constitución. Para la jurista criticar la Constitución podrá hacerse en la medida en que lo permita el contenido de la enseñanza y el grado de madurez de los discentes.

---

160 *Vid.* TAPIADOR, F.J; *La universidad. Qué es y para qué sirve*, Libros de la Catarata, Madrid, 2024, p. 34. El ejemplo que pone es el de Geografía, pero nosotros lo hemos adaptado a nuestro saber.

Queda claro, siguiendo a Matia Portilla, que existen límites adicionales, como puede ser el derecho al honor o a la intimidad (art. 20.4 CE). Siguiendo la literalidad de su pensamiento, «se puede descalificar una teoría científica con argumentos, pero no se puede descalificar a su autor. En este mismo sentido, resultaría ilegítimo apoyarse en la libertad de cátedra para injuriar a cualquier persona, o para justificar la comisión de crímenes contra la humanidad, incurriéndose entonces en ilícitos penales»[161].

Debemos ahora reseñar el trabajo del profesor Pemán Gavín, quien explicita motivos de preocupación e insatisfacción respecto de ciertos ataques que se han producido contra la libertad de cátedra. Por un lado, las amenazas que provienen del poder político, que pretende imponer una verdad oficial sobre la Historia o una impronta ideológica sobre los contenidos a impartir. Esto sucedería en España con la «Memoria Democrática» y el intento de crear a su calor una ortodoxia oficial. Por otro lado, la voluntad de aquellos frentes que abrazan el pensamiento hegemónico y no permiten discrepancia. El feminismo o el transgenerismo son dos ejemplos apropiados, con cancelaciones y linchamientos a la orden del día. ¿La solución? Enfatizar el compromiso con la libertad de cátedra, de pensamiento y de expresión, desde la autoexigencia, el rigor y la mentalidad abierta[162].

El profesor López-Sidro presta atención al preocupante fenómeno de la colonización ideológica de la Universidad por parte de *posmodernos* y *wokes* que desprecian la verdad[163]. En ese marco, los profesores debemos olvidarnos de la libertad de cátedra y preocuparnos por cómo afecta emocionalmente al alumno las enseñanzas transmitidas. La

---

161   *Vid.* Matia Portilla, F.J; «La libertad de cátedra como límite a la autonomía de las universidades públicas», *Revista de Derecho Político*, n.º 118, 2023, p. 65.

162   *Vid.* Pemán Gavín, J. M.ª; «Reflexiones en torno a la docencia universitaria. La visión de un administrativista sénior», *Revista Aragonesa de Administración Pública*, n.º 59, 2022, p. 44 y ss.

163   *Vid.* López-Sidro López, Á; *Libertad de creencias y adoctrinamiento en un estado neutral*, Iustel, Madrid, 2024, p. 95 y ss.

Universidad ya no es el foro de búsqueda de la verdad sino el lugar donde se imparte *justicia social*, mediante la coerción si fuere necesario.

Este fenómeno de origen es estadounidense permea las universidades españolas. Por ejemplo, con la adopción de la ideología feminista, destruyendo la neutralidad de la Universidad en cuanto tal. La propia Ley Orgánica del Sistema Universitario de 2023 establece la obligatoriedad de emplear la *perspectiva de género* a la hora de conceder proyectos científicos (art. 13), así como a la hora de ejecutar cualesquiera tareas y funciones de la universidad (art. 43). Huelga decir que tal extremo atenta contra la libertad de cátedra, derecho fundamental reconocido en el artículo 20 CE y que protege que cada profesor exprese sus ideas y convicciones en el marco de la enseñanza que imparte.

Es, precisamente, este derecho fundamental el que permite un auténtico pensamiento independiente en la Universidad, cuya importancia se eleva exponencialmente cuando el profesor alcanza un contrato indefinido o un puesto de funcionario. Si el profesor es inquieto, intelectualmente hablando, la titularidad será el punto de partida, a modo de escudo para decir y escribir lo que piensa. Si el profesor está muerto, intelectualmente hablando, la titularidad será el punto de llegada y sus meninges no crearán nada especialmente provechoso. En pocas palabras: uno tiene trabajo para toda la vida y eso debería animar a leer, escribir y enseñar libremente. Como dice Jaffe, la titularidad permite un mínimo de pensamiento independiente en la universidad, siendo de gran valor para los rebeldes del mundo académico[164].

Recordemos, no obstante, que el hecho de alcanzar la condición de servidor público encerraría ciertos peligros que Maurice Joly enunció en ese delicioso diálogo ficticio entre Montesquieu y Maquiavelo: este último creía que la desorganización del gremio de profesores de universidad era positiva para el príncipe, como servicios públicos del Estado. Como era el gobierno quien los nombraba, de él dependen y a él

---

164   *Vid.* JAFFE, S; *Trabajar. Un amor no correspondido*, Capitán Swing, Madrid, 2024, p. 358 y ss.

están sometidos. Y si subsisten centros, personas o escuelas independientes, «bastará un reglamento, o hasta una simple resolución ministerial» para guiarlos al centro común de unidad. Más le preocupaba al propio Joly («a Maquiavelo»), que se enseñara política constitucional en la carrera de Derecho. Abogaba por evitarlo a toda costa para que los jóvenes no se ocupen de la política «a tontas y a locas y a los dieciocho años les dé por inventar constituciones como se inventan tragedias»[165].

7.5. Alan Sokal y *Nature*

La necesidad de garantizar la libertad de pensamiento y de expresión se ilustra con un caso sintomático y lamentable a partes iguales, protagonizado por Alan Sokal[166]. En 2022, la prestigiosa revista *Nature* aprobó una guía ética donde confería a los editores el tremendo poder de velar porque la investigación científica a publicar no socave los derechos y dignidad de personas y grupos, señaladamente opiniones discriminatorias, racistas, sexistas, capacitistas u homofóbicas. Tampoco tolera dicha política ética la estigmatización, incluso inadvertida, de tales grupos o individuos.

La respuesta de Sokal es procedente y enjundiosa. Desgrana cada una de las exigencias éticas y comienza por preguntarse qué significa que la investigación «estigmatice» y que lo haga «inadvertidamente». Imaginemos, razona el científico, que un *paper* concluye que la obesidad puede ser motivo de cáncer (científicamente así es). ¿Eso estigmatiza a los obesos? Algunos pensarán que sí, pero eso es matar al mensajero porque no gusta el mensaje. En verdad, si eliminamos ese *paper*, dañaremos a todos los obesos, pues les privamos de una información capital que pueden emplear (si quieren) para proteger su salud. Lo mismo sucede con los hombres homosexuales. Según la evidencia científica, tienen

---

165   *Vid.* Joly, M; *Diálogo en el infierno entre Maquiavelo y Montesquieu*, Muchnik Editores, Barcelona, 1974 (1.ª edición original: 1864), p. 149 y ss.

166   Sokal, A; «How ideology threatens to corrupt science», *The Critic*, 22/5/2024. En línea: https://thecritic.co.uk/how-ideology-threatens-to-corrupt-science/. Último acceso: 10/4/2025.

más parejas que los hombres heterosexuales. ¿Discrimina a la comunidad gay un estudio científico de tal porte? En absoluto, dice Sokal: lo que hace es, precisamente, intentar mejorar la prevención de enfermedades de transmisión sexual, lo que beneficia a la comunidad gay.

Sokal se pregunta qué puede significar que una investigación científica sea «discriminatoria, sexista, racista, capacitista u homofóbica». En realidad, será lo que decidan los editores de *Nature*, quienes buscarán tales trazas en las conclusiones de los trabajos científicos. Dicho en corto: allá donde digan que existe, existe. Se mata al mensajero de nuevo, con lo que la ignorancia de aspectos relevantes de la realidad impedirá atajar de veras la discriminación subsistente.

La tercera pregunta que se hace Sokal es igualmente jugosa: ¿qué es eso de *justificar* el socavamiento de los derechos de ciertos grupos? Lo primero que debe decirse es que los trabajos científicos responden a iniciativas individuales y así deben evaluarse, siendo irrelevante la veta grupal. Las ideas válidas no deben ceder al hecho de que alguien las utilice mal; lo que debe criticarse es ese mal uso, no la idea.

Al fin y al cabo, los editores de *Nature* establecen unos criterios tan amplios que es imposible no pensar que lo han hecho para discriminar como mejor deseen. *Cualquier* trabajo científico siempre causará en *algunas* personas la percepción de que está dañando los derechos o la dignidad de *alguien*. Si una investigación se basa en el concepto biológico de sexo, los editores podrán decir que lesiona los derechos y la dignidad de las personas transgénero. Pero como tal cosa exige obviar un vasto compendio científico en biología y medicina, acaban por sabotear su propia revista. Esta dice que consultará con expertos en ética para hacer tales juicios, pero Sokal no se deja engañar y se plantea qué pasaría si tales expertos fueran conservadores católicos opinando, por ejemplo, sobre lo adecuado de que las parejas homosexuales adopten hijos.

Si de veras nos interesa la verdad, debemos aceptar que somos falibles. Y por eso debemos estar abiertos a escuchar argumentos que discurren contra los nuestros y, en su caso, a cambiar nuestras opiniones si tales pensamientos son correctos. Parafraseando a John Stuart Mill, Sokal dice que aquel que solo conoce su planteamiento sobre algo sabe muy poco sobre ese algo. Por no mencionar que censurar los argumentos del otro al final acaba impactando cual bumerán en el censor, pues impide conocer las eventuales buenas razones que le asisten. Dicho en los términos de la profesora McCaughey: una cosa es *estudiar* y otra *politiquear*[167].

No podemos abandonar este apartado a su suerte, sin las reflexiones del profesor Maestro[168]. Para él, el principal enemigo de la libertad de cátedra no está fuera de la Universidad sino dentro: son los que la gestionan. Pretender que exista libertad burocrática o libertad religiosa es una contradicción en sus términos. Dicho eso, en la Universidad jamás existió libertad para nada, es un mito la idea liberal de la Academia. Igual de mítica, por cierto, que la idea de que es lugar de sabiduría y conocimiento. No es infrecuente encontrar por sus pasillos a gente que cree saberlo todo y, en realidad, no comprenden nada. O comprobar cómo las altas inteligencias no dicen menos tonterías que el común de los mortales: lo hacen con más autoridad[169].

Hoy son los profesores los que sirven al poder político que reprime dicha libertad, cuando deberían preservarla y cuidarla. Aman el poder de la burocracia, cercenadora de la libertad de ciencia. Al ponerse al servicio del poder burocrático, uno se degrada como científico e investigador. Todos critican el sistema y todos se pelean por un puesto en él, incluso exhiben el cargo como mérito curricular. Para el catedrático de Literatura, la ciencia es lo único que de veras hace prosperar la vida humana. La religión, la política y la filosofía han sido obstáculos demasiado frecuentes a tal fin. El Plan Bolonia introdujo tantas exigencias nuevas que los roles docente e investigador de un profesor de universidad se ven seccionados. Se permite la libertad donde no se prohíbe la libertad.

---

167   *Vid.* McCaughey, M; «Against scholar-activism», *The James G. Martin Center for Academic Renewal*, 16 de febrero de 2024. En línea: https://www.jamesgmartin.center/2024/02/against-scholar-activism/. Último acceso: 10 de enero de 2025.

168   *Vid.* G. Maestro, J; *Ensayo sobre...*, cit, p. 229 y ss.

169   *Vid.* Leys, S; *La felicidad..., op. cit*; p. 84.

Cabe recordar, de la mano de Maestro, que la ciencia no es democrática y no lo ha sido jamás. No es el resultado de una decisión de la mayoría. Ni la ciencia ni la docencia caben en lo políticamente correcto. La ciencia no cambia cuando cambian las ideologías. La justicia sí, pues es hija de la política. La ciencia queda subordinada a la ideología en la Universidad posmoderna, separando a los estudiantes del mundo real, en base a sus emociones y sentimientos[170]. Y no: no somos lo que sentimos sino lo que hacemos, lo que hacemos de nosotros mismos y lo que los demás hacen con nosotros. No cabe la libertad de cátedra en una universidad que pone al mismo nivel al profesor que al ignorante. Como el tango: «lo mismo un burro que un gran profesor». En este contexto, la libertad solo sirve para obedecer, se es libre para ser esclavo.

Con las propias palabras de Maestro:

> «la democracia esgrime la mentira en la gestión de una libertad día a día más jibarizada y mucho más estrecha. Cada vez tenemos delante de nosotros más cosas ante las cuales hay que callar para evitar conflictos. Cada vez hay que hablar con menos gente para evitar discusiones. Cada vez hay que llevar a cabo menos acciones para evitar problemas. Cada vez hay que tolerar y soportar más irracionalismos y falacias para poder vivir pública y privadamente en paz: en la paz de los irracionales, de los intolerantes y de los fanáticos. Es la paz del esclavo. La paz de los callejones sin salida. La paz de los fracasados. La paz que preludia tempestades olímpicas. Y desenlaces trágicos»[171].

Otra variable tiene que ver con la introducción generalizada de la ideología en las Ciencias Sociales, cosa que, siguiendo a Rocher, fue obra y gracia de Marx[172]. Para este la connotación de la ideología es fundamentalmente peyora-

---

170 Es sumamente interesante el análisis de Legutko, R; *Los demonios...*, *cit.*, especialmente pp. 94 y ss. Resumido: las Universidades han sido colonizadas por la ideología demoliberal, con la igualdad extrema a la cabeza.

171 *Vid.* G. Maestro, J; *Ensayo sobre ...*, cit, p. 262.

172 *Vid.* Rocher, G; *Introducción a la sociología general*, Herder, Barcelona, 12.ª edición, 1996, p. 78 y ss.

tiva: es una forma de alienación creada por quienes tienen los medios de producción. La ideología serían las ideas de la clase dominante, que se convierten en ideas dominantes, expresando las condiciones materiales de dicha dominación. Así es como dicha ideología contribuye a alimentar la falsa conciencia en la población, el opio del pueblo.

Rocher ya anotó que la ideología tiene mucho que ver con la cultura. Es una doctrina de valores que impulsa a la acción, lo que la convierte en un elemento cultural. En la ideología la colectividad se forja una representación de sí misma, de lo que es y desea ser. La ideología mantiene la unanimidad interna. Externamente sucede lo contrario porque al contacto con la sociedad es fuente de conflictos. Ello no obsta a reconocer que la ideología es un poderoso factor dinámico. Se presenta como algo racional, esclarecedor e imprime seguridad. Está al servicio de intereses e incide sobre nuestra psique (ansiedad, agresividad). Propone una acción común para satisfacer tales estados psíquicos. Y cristaliza los valores en los que se apoya, emitiendo juicios tanto de hecho como de valor. Se suele presentar como voluntaria y goza de capacidad para operar en la vida real, en el decurso de la Historia. Siempre persigue la acción histórica de una colectividad.

Conviene retener esto: la ideología siempre se nutre de los estados psicológicos de la gente, de sus angustias, obsesiones, deseos, miedos, y un largo etcétera. Libera y canaliza energías. Une y divide. Da seguridad y reconforta. Pero nunca podrá obrar por sí misma, no es un factor de cambio *per se* sino contextual. Hagamos de abogado del diablo y digamos que uno debe ser consciente de que siempre transmite ideología (ojalá ideas), le guste o no. ¿Cómo mitigar la carga ideológica? Depende de si estamos ante el profesor o el alumno.

Desde el lado del profesor, resulta capital que vaya contra sí mismo, se ponga en duda y en tela de juicio, a ser posible en voz alta. Decir lo que piensa y decir lo que piensan otros, especialmente cuando no converge. Y aceptar que se le cuestione en público, contestando a las preguntas en el formato que corresponda (el correo electrónico y el campus virtual entablan una relación pausada entre profesor y alumno; el aula es relación estrecha en vivo y en directo).

Desde la posición del alumno, lo principal es formarse un criterio y eso exige escuchar y leer con paciencia y dedicación. También debe decir lo que piensa, sea del agrado de los compañeros o no (hay que vencer la maldita *presión social*). Y aceptar ser cuestionado, defendiendo con argumentos su propia postura. Eso es hacerse dueño de tus palabras, como nos enseñó Umberto Eco. El alumno no debe hablar obligatoriamente, pero, si decide hacerlo, conviene que piense antes. Cuando las palabras salen de su boca ya son suyas y debe defenderlas. Sea como fuere, una interpretación conjunta de la libertad de enseñanza y del derecho a la educación del alumno implica que deben ponerse límites a la soflama política e ideológica, al menos en la universidad pública[173].

Carles Ramió cree plausible que la privatización de la Universidad española se deba al clima político crispado y radicalizado, dominado por pulsiones populistas. Los partidos conservadores observan ciertas universidades públicas como focos de adoctrinamiento y movilización de la izquierda radical (con *Podemos* en ciencias políticas complutenses se alcanzó el paroxismo). Ramió cree que la comunidad universitaria es un reflejo «calcado» de la sociedad. Además, entiende que dicha comunidad nunca ha sido tan conservadora como ahora, espejo de una juventud y una sociedad que se han vuelto más conservadoras. Aun así, Ramió aboga por entender la función de la Universidad como lugar de «crítica social, económica y política, aunque su voz es cada vez menos escuchada y tiene escaso impacto». Entonces, ¿exactamente para qué se quiere hacer esa crítica desde la Universidad?[174]

---

173 *Vid.* Matia Portilla, F.J; «La libertad de cátedra…», *cit.*, p. 75.

174 Ramió, C; *La privatización de la Universidad*, Los Libros de la Catarata, Madrid, 2025, p. 46 y ss.

8

INTELECTUALES, ACTIVISTAS Y TOTALITARISMO

La relación entre los intelectuales convertidos en activistas en pro del totalitarismo existe desde largo. Creemos que un buen punto de partida para entender tal planteamiento es el de Orwell. Y también creemos que autores como Said o Barthes son todo lo contrario a lo que debería ser un intelectual.

8.1. George Orwell, siempre

Orwell entendía que en épocas convulsas y revolucionarias era imposible escribir eludiendo los asuntos políticos. De hecho, siempre fue con la verdad por delante: cada renglón de sus textos serios —son palabras suyas— se escribe contra el totalitarismo y a favor del socialismo democrático, «tal y como él lo entiende» (nunca agradeceremos lo suficiente este delicioso matiz). De hecho, todo el mundo escribe, de un modo u otro, sobre tales cuestiones. La cuestión reside en saber de qué lado estás y qué enfoque adoptas, dirá Orwell. Es más, «cuanto más consciente seas de tus sesgos políticos, más posibilidades tienes de actuar políticamente sin sacrificar tu integridad estética e intelectual». Sabias palabras de un hombre cuya escritura detonaba ante alguna injusticia, tomando partido y exponiendo qué sucedía[175].

---

175   *Vid.* Orwell, G; *El escritor y la política. Ensayos escogidos*, Página Indómita, 2023, p. 26 y ss. Los textos originales se publicaron entre 1940 y 1948.

Cuando conversa con Desmond Hawkins, este le inquiere sobre la literatura proletaria. Según Hawkins, este tipo de literatura «está demasiado dominada por las consideraciones políticas». Y continúa: «creo que los políticos y artistas no casan bien. El objetivo de un político siempre es limitado, parcial, cortoplacista, excesivamente simplificado. Y así tiene que ser, para albergar alguna esperanza de realización. Como principio de acción no puede darse el lujo de considerar sus propias imperfecciones y las posibles virtudes de sus oponentes. No puede detenerse en el patetismo y la tragedia de todo esfuerzo humano. En suma, debe excluir precisamente las cosas que son valiosas en el arte».

Orwell responde: «siempre he sostenido que todo artista es un propagandista político (...) si tiene algo de honradez o talento, no puede ser ese tipo de propagandista, pues la mayor parte de la propaganda política consiste en la mentira (...). Todo artista es un propagandista en el sentido de que, directa o indirectamente, intenta imponer una visión de la vida que le parece deseable». La propaganda acecha en cada libro, artefacto con vocación estética y política. La conclusión reside en el hecho de que en tiempos turbulentos la literatura refleja la vida al politizarse sin remedio. Como dice el propio Orwell: «la política ha invadido la literatura hasta un extremo que normalmente no llega». Y, lógicamente, el totalitarismo anula toda posibilidad de literatura[176].

George Orwell anotaba allá por 1946 que la guerra se libraba contra la libertad y, en concreto, contra la libertad intelectual. El hereje era quien se negaba a ultrajar su propia conciencia. El que no tenía miedo de quedarse solo. En aquellos tiempos había personas que defendían que la libertad era indeseable y la libertad intelectual una forma de egoísmo antisocial. Anteponían la disciplina al conocimiento. Y por eso Orwell recuerda que defender la libertad intelectual le llevó primero a enfrentarse con conservadores, católicos y fascistas...para luego hacerlo con los comunistas y con aquellos famosos *compañeros de viaje*. El mito ruso fue nocivo en la vida intelectual inglesa, a través del Partido

---

176   *Vid.* Orwell, G; *El escritor...*, cit., p. 57 y ss.

Comunista británico[177]. La deshonestidad mental no es privativa de los izquierdistas en general, sino que acepta cualquier disciplina política; y, además, resulta incompatible con la integridad literaria e intelectual[178]. Cuando «el intelectual» desee o necesite implicarse en política, ha de hacerlo como ciudadano, no como escritor, no porque «sus meras dotes artísticas le den derecho a eludir el trabajo sucio y ordinario de la política» (colgar carteles, distribuir folletos, dar conferencias en salas gélidas). Haga lo que haga al servicio de su partido, jamás debe escribir para él. Raymond Aron observó que las actitudes de los intelectuales en política se parecían mucho a las de los no-intelectuales: una mezcla de saber a medias, prejuicios tradicionales y preferencias más estéticas que razonadas. También anotó similitudes, pues el intelectual defiende sus intereses profesionales intentando hacer prevalecer la jerarquía y criticando los recursos de otras categorías sociales[179]. En fin: «someterse subjetivamente no solo a una maquinaria de partido sino incluso a la ideología de un grupo, es destruirse a uno mismo como escritor»[180].

Según Giambattista Vico la función del intelectual que trabaja en la Universidad es poner la sabiduría al servicio de la felicidad del ser humano. Solo son héroes quienes hacen tales méritos. La actitud de ciertos intelectuales prestos a dar cobertura a las mayores atrocidades y locuras del poder político, en realidad, no tiene nada de intelectual. La Universidad ni se basa ni debería basarse en perseguir dinero, fama, u honores. Para Vico, la mejor universidad es aquella donde no cuenta la especialización y lo ilustra con esta expresión: «Manca y débil es la formación científica de quienes se apoyan con todo su peso en una sola disciplina». Apuesta por el enciclopedismo y el «impulso heroico» de quien anhela poner su saber al servicio de los seres huma-

---

177   *Vid.* ORWELL, G; *El escritor...*, cit., p. 84.

178   *Vid.* ORWELL, G; *El escritor...*, cit., p. 117.

179   *Vid.* ARON, R; *El opio de los intelectuales*, RBA, Barcelona, 2011 (1.ª edición original: 1955) p. 262 y ss.

180   *Vid.* ORWELL, G; *El escritor..., op. cit.*, p. 120.

nos[181]. Veremos a continuación ejemplos históricos de quienes, desgraciadamente, han hecho lo contrario.

8.2. De Said a Barthes, pasando por Mao

Nos hemos acostumbrado al intelectual como activista pero no a quienes abrazan interpretaciones especialmente peregrinas, exageradas o desenfocadas. Por ejemplo, cuando Edward Said publicó su «Orientalismo» vino a decir que la idea de «Oriente» era una conspiración colonial e imperialista occidental de quienes desprecian Oriente negando su misma existencia. Resulta que Said veía como una posible redención el ejemplo que representaban los *Concerned Asian Scholars*, académicos que fallaron estrepitosamente a China y a su pueblo durante la era maoísta pues no dijeron una sola palabra sobre las atrocidades cometidas por los gobernantes comunistas (y no fueron pocas). Se demuestra, una vez más, que los especialistas aprenden a ser especialistas, no expertos de veras. Saben jugar al juego, que diría Taleb.

El caso de Terrill fue exasperante. Incluso cuando el *Diario del Pueblo* reconoció las salvajadas, este intentó mover el marco del debate arguyendo, primero, que en las democracias suceden cosas parecidas (¡!) y, segundo, que debemos esforzarnos por valorar China en sus propios términos, lo que equivale a decir que la Alemania nazi debería estudiarse desde el prisma hitleriano o la dictadura soviética desde la óptica estalinista. Leys lo deja bien claro: «en la China maoísta sucedieron cosas que fueron terribles según cualquier criterio de simple decencia. Hasta las autoridades comunistas de Pekín admiten hoy eso». Para Terrill, como China es «diferente», no debería estar sometida a tales reglas[182]. Es sabido que en las esferas elevadas del medio académico el sentido común ya no es tan común. Olvidó aquel que *todo documento comunista debe leerse centrándose en lo que no cuenta*. La dictadura maoísta consiguió aplastar a su pueblo y, sin

---

181   *Vid.* ORDINE, N; *Los hombres...*, *op. cit.*, p. 266 y ss.
182   *Vid.* LEYS, S; *Breviario...*, *op. cit.*, p. 411 y ss.

embargo, sus matarifes creían que el pueblo seguía siendo su enemigo más peligroso. Al fin y al cabo, ningún partido comunista recibió jamás un mandato del electorado para gobernar. Hasta Hitler y Mussolini lo lograron (bien es cierto que escondiendo a los electores lo que luego hicieron…).

Ha sido relativamente frecuente a lo largo de la Historia que personas frustradas en su faceta artística liderasen terribles dictaduras. Sobre dictaduras y escritores recordemos la experiencia de Philip Roth cuando fue a la Checoslovaquia comunista, donde cayó en la cuenta de que en la sociedad norteamericana «cualquier cosa vale y todo da igual», mientras que para los escritores checos que vivían en Praga «no vale cualquier cosa y nada da igual». Por más que Steiner decía que las obras maestras venían de almas oprimidas por totalitarismos, todos los escritores checoslovacos que Roth conoció echaban pestes del régimen y deseaban con todas sus fuerzas que desapareciera. Dicho de otro modo: «el sistema acaba destruyendo, al menos como escritores, a la mayoría de los que permanecen en las garras de un régimen totalitario»[183].

Mao Zedong fue uno de los *frustrados*. No podía competir contra el carisma del intelectual cosmopolita y urbano de ciertas clases dirigentes del Partido, así que los neutralizó con brigadas de campesinos toscos y soldados incultos de zonas remotas, pobres y atrasadas. El anti-intelectualismo de Mao tuvo plasmación práctica cuando seleccionó a intelectuales para purgarlos, allá por 1942, 1943 y 1944. En plena borrachera genocida, este llegó a decir que solo el proletariado está plenamente dotado de naturaleza humana; o sea, la esencia misma del terrorismo: negar la humanidad de otras personas. De paso, Mao y la dirigencia comunista llegaron a creerse las gigantescas mentiras que fabricaba su propia

---

183   *Vid.* VV. AA; *The Paris Review. Entrevistas (1953-1983)*, Acantilado, Barcelona, 2020, p. 1477 y ss. Esto ha sucedido en cualquier país dictatorial, como por ejemplo la España franquista, el Portugal Salazarista o la Francia nazi: la autonomía literaria perece a manos del régimen pues los escritores son instrumentalizados, reprimidos o censurados. *Vid.* Casanova, P; *La República mundial de las Letras*, Anagrama, 2001, p. 250 y ss.

propaganda. Creyeron que se estaba produciendo de verdad un «Gran Salto Adelante» y lo único que sucedía de verdad era que millones de personas morían de hambre y enfermedad. ¿Parece exagerado? Hay casos documentados de varios bebés que nacieron muertos por la nutrición deficiente de sus madres. Nacían pocos. En ciertas zonas se detectaron casos de canibalismo. En otras, madres desesperadas estrangulaban a niños que no dejaban de llorar pidiendo comida. En la vida real ciertos intelectuales han blanqueado, omitido, apoyado, nutrido y justificado los desmanes más crueles de sistemas salvajes. A continuación, pondremos un ejemplo y que el lector juzgue.

Por su parte, Roland Barthes escribió un diario donde contaba su viaje a China en 1974. En aquel momento el régimen maoísta había desencadenado una campaña de represión colosal y sangrienta por todo el país. Lu Xun, un autor chino genial, había dejado por escrito que China era un «festín de carne humana preparado para los ricos y poderosos y lo que se llama China no es más que la cocina en la que se cuece a fuego lento este guiso». Barthes respondió que su diario entraba dentro del subgénero literario del *comentario que no comenta*, el *discurso no asertivo*, ni negador ni neutro. Para Leys esto era, lisa y llanamente, «hablar y no decir nada».

Cuando un editor publica las anotaciones adicionales al diario de Barthes, en ellas se consigna la propaganda del régimen en su versión más pura: datos agrícolas, de escuelas, de zoológicos, y de hospitales. Así procede durante doscientas páginas, entre exabruptos y vulgaridades («meaderos», «me he olvidado de lavarme los oídos», «almuerzo: ¡mira, patatas fritas!»), celebrando que solo el apretón de manos de un «guapo obrero» rompe el hastío y grisura que Ronald Barthes siente por momentos. ¿Acaso el espectáculo del país, asolado por un genocidio en toda regla, le conmueve, mueve o remueve? En absoluto. Lo que sí le saca de sus casillas —así lo deja por escrito en el diario publicado— es que en el vuelo de vuelta Air France se atreve a ofrecerle un «desayuno infecto» y eso le lleva a gritar a los cuatro vientos «estoy a punto de escribir una carta de reclamación». Como bien dice Leys, no hay que ser injustos, en el sentido de que todos escribimos sandeces para uso privado: sólo pueden juzgarse las publicadas. Barthes no los publicó motu proprio, por razones obvias. Y si fue un amigo, ya sabemos, con Vigny, que un amigo no es menos malvado que cualquier otro hombre. Para Leys, lo que Barthes calla es de una indecencia extraordinaria. Citando a Orwell, Leys concluye que hay que formar parte de la «intelectualidad» para escribir semejantes bellaquerías, pues ningún hombre corriente es tan estúpido[184].

---

184   *Vid.* Leys, S; *Breviario…, op. cit.*, p. 500 y ss.

9

LOS CONSTITUCIONALISTAS COMO ACTIVISTAS

Es de suponer que los constitucionalistas sean, siquiera a su manera, intelectuales. Pero no todos ellos comparten la visión de que «puedan» o incluso «deban» ser activistas[185]. Veámoslo con cierto detenimiento.

9.1. Tradición vs. Reforma

El *constitucionalista promedio* suele ser profesor de universidad. Por eso se le podría aplicar un contexto que se mueve entre dos polos. Por un lado, los tradicionalistas, que pretenden practicar un Derecho neutro, de raíz weberiana, libre de valores e ideologías, mostrándose horrorizados ante el empleo del Derecho como arma «de derechas» o «de izquierdas». Por otro, los reformistas, que ven espacio suficiente para una interpretación crítica del Derecho y que se muestran convencidos de que, al igual que hay malas leyes desde el punto de vista ideológico, las puede haber buenas. De lo que caben pocas dudas es de que los constitucionalis-

---

185   Joaquín Urías decía en una entrevista que el jurista no solo puede, sino que debe ser activista. *Vid*: https://facua.org/consumerismo/ joaquin-urias-los-juristas-no-solo-podemos-debemos-hacer-acti- vismo/. Último acceso: 16/6/2025.

tas, en tanto académicos y en tanto que personas, estamos condicionados por el clima intelectual de la época, en un proceso de rechazo y adhesión tanto consciente como inconsciente. En un proceso de retroalimentación sin fin, cuanto más expuestos estamos a lo que nos rodea, más cambian nuestros valores (también académicos)[186].

A raíz de la aprobación de la Ley de Amnistía, hecha con vocación de perdonar a los principales delincuentes-líderes del proceso independentista catalán, se ha producido en España un debate interesante e intenso a partes iguales. Ahora deberíamos decir que la pugna se basó en dos posturas bien defendidas por sus líderes, pero engañaríamos al lector. Desde el mundo iusfilosófico y constitucionalista las voces que se elevaron denunciando la ilicitud constitucional de aquella medida fueron más y parecían mejor trenzadas[187]. Tribunas, columnas, tertulias, conferencias, seminarios y libros fueron el terreno de juego donde se discutía acerca de valores constitucionales elementales como la igualdad ante la ley, la discriminación, o el encaje de la decisión de amnistiar en el marco de una democracia homologable a cualquier otra. Los críticos fueron numerosos, siguen siendo numerosos y lo serán en el futuro porque la cuestión no está resuelta (aunque su constitucionalidad fuese avalada por el Tribunal Constitucional)[188]. La reflexión sobre este debate condujo a los interrogantes de siempre: ¿deben ser los constitucionalistas, en cuanto profesores de universidad, activistas? ¿Deben preservar una cierta neutralidad, al menos en apariencia? ¿Cabe exigirles un deber de sujeción diferente, más

---

186   *Vid.* Becher, T; y Trowler, P; *Academic tribes and territories*, Open University Press, Buckingham-Philadelphia, UK-USA, 2001 (2.ª edición), p. 163 y ss.

187   Para el autor de estas líneas hay que prestar especial atención a García Figueroa, A; «Notas sobre la Proposición de Ley de Amnistía (I): la exposición de motivos»; y «Notas sobre la proposición de ley de amnistía (II): juristas neokelsenianos para una política schmittiana», *Almacén de Derecho*, 3 y 27 de diciembre de 2023. En línea: https://almacendederecho.org/author/alfonso-garcia-figueroa. Último acceso: 27 de mayo de 2025.

188   Hay trabajos de calidad en Aragón, M; Gimbernat, E; y Ruiz Robledo, A (dirs).; *La amnistía en España. Constitución y Estado de Derecho*, Colex, A Coruña, 2024.

intenso, que a otros académicos? Tampoco en esta materia podemos sentenciar sobre el asunto, poliédrico y complejo a partes iguales[189].

Suponemos muchas las críticas que podrían hacerse a quienes han dado cobertura intelectual a este dislate. Hay una irresistible: incluso aceptando el compromiso político con una ideología, una cosa es hacer proselitismo de tal porte entre quienes somos al fin y al cabo adultos y otra es apoyar ciegamente la medida que adopta un Gobierno. Que somos constitucionalistas, por el amor de Dios.

9.2. No al activismo: el criterio de Khaitan y de Agudo

Tarunabh Khaitan, profesor de Derecho Público en la Universidad de Oxford, ha mediado en el debate ofreciendo razones plausibles. Recuerda que nuestra profesión —para algunos, vocación— está intrínseca e inevitablemente relacionada con el poder y la justicia. Lo que caracteriza la investigación de un activista académico es que está decidida a lograr directamente resultados materiales. Khaitan cree que tal postura es contraria al rol moral de un profesor de universidad. Si nos preocupamos de veras por la justicia, debemos rechazar esa participación tan provocativa. Quizá así lleguemos a la convicción de que nuestra contribución a dicha justicia pasa por rechazar la ganancia de resultados materiales concretos.

Khaitan detecta dos tipos de activistas académicos, los radicales y los moderados, para rechazar a los dos por igual. Los radicales se afanan en demostrar una hipótesis que de antemano saben cierta, lo que no es siquiera investigación académica. Los moderados suelen dar tres razones para justificarse. La primera es que el activismo es práctico porque ofrece respuestas rápidas a problemas concretos en sitios determinados. Esto implica hacer las cosas rápido, lo contrario que requiere una buena investigación, esto es, rigor, paciencia, lecturas, reflexión y tiempo. La segunda es que comprometerse con la verdad implica comprometerse con el

---

189 *Vid*. Lazarus, L; «Constitutional Scholars as constitutional actors», *Federal Law Review*, 48/4, 2020, p. 483 y ss.

escepticismo y la revisión de los postulados. Si el activista presenta una certeza casi absoluta en su panfleto, es un activista, no un profesor de universidad. El corolario es que no se acepta jamás haber errado: el activista cree a pies juntillas en su verdad y en nada más. Cuando un error intelectual causa daño real en el mundo de verdad, la tentación humana es negar cualquier responsabilidad. Pero la tienen. La tercera es que un activista moderado siempre estará en riesgo de convertirse en uno radical. Y muchos radicales acaban con la buena salud de la universidad. La calidad científica se resiente[190].

Sobre esta polémica también se ha pronunciado el profesor Agudo González. Entiende que hay básicamente tres formas de activismo. La primera es una versión informal o «light», donde el activista pretende favorecerse futuras publicaciones, proyectos, cátedras esponsorizadas, acudiendo a actos de partidos políticos, firmando manifiestos, o publicando opiniones sesgadas en redes sociales. La segunda sería la ingeniería jurídica, no ya mediante el consabido dictamen jurídico (para el autor «una forma de transferencia de conocimiento totalmente aceptable») sino para adentrarse en encargos absolutamente dirigidos por quien los paga, aceptando el activista que no hay límites jurídicos a los que someterse. La tercera sería la investigación dirigida legislativamente, donde desde determinadas leyes se dice lo que se debe investigar y lo que, consecuentemente, se financiará. Si no te sometes, serás castigado. Si bajas la cerviz, se te premia.

El activismo, para Agudo, es incompatible con la libertad de investigación, consagrada como derecho fundamental en el artículo 20 CE. Rompe el compromiso ético, trae descrédito académico, implica pérdida de autonomía y demuestra sumisión al poder. Muchos activistas buscan reconocimiento, recompensas y, en no pocos casos, el nombramiento para un alto cargo, «por los servicios prestados». Esto es: todo lo contrario al trabajo intelectual serio y riguroso[191].

---

190   *Vid.* KHAITAN, T; «On scholactivism in constitutional studies: Skeptical thoughts», *International Journal of Constitutional Law*, 20/2, 2022, p. 547 y ss.

191   *Vid.* AGUDO GONZÁLEZ, J; «De la libertad investigadora al activismo académico», *Almacén de Derecho*, 1 de julio de 2024. En línea: https://

9.3. Sí al activismo: el criterio de Stone

Adrienne Stone, en cambio, defiende el activismo académico, no solo porque cree que así se rompe con la lógica impuesta por el *Norte poderoso* que dicta los cánones al resto de rincones de la geografía sino porque en situaciones concretas no se puede —y no se debe, a su parecer— deslindar la parte académica de la parte activista, como demostraría el ejemplo del *constitucionalismo transformador* que anida en países africanos[192].

Algunos trabajos posteriores, como el de Foran y Moshikaro, saludan el intento de la profesora Stone de hacer compatible la virtud académica con la participación activista, aun recordando como recuerdan que, en cuanto profesor de universidad, lo principal es respetar los cánones científicos de estudio profundo, rigor, seriedad, paciencia, resultados contrastados, y revisiones *doble-ciego*. Estos autores añaden un dato interesante y es que el activista y el académico se juzgan desde posiciones diferentes. Una buena investigación académica puede que no tenga impacto político y aun así ser una investigación de calidad. El activismo, por su parte, puede estar basado en mentiras y decepciones y, a pesar de ello, ser excelente en cuanto activismo, porque es propenso a cultivar las fobias, la rabia y el desprecio[193].

9.4. El caso de Israel

Otro ejemplo que podría traerse a colación es el de Israel, cuando ciertos constitucionalistas se manifestaron contra el proceso de revisión constitucional propuesto por el 37 Gobierno de la Nación entre 2022 y 2023. Los intentos populistas —a juicio de los constitucionalistas activistas— fueron contrarrestados con diferentes artículos, actividades y semi-

---

almacendederecho.org/de-la-libertad-investigadora-al-activismo-academico. Último acceso: 17/4/2025.

192   *Vid.* STONE, A; «A defence of scholarly activism», *Constitutional Court Review*, 13/1, 2023, p. 1 y ss.

193   *Vid.* FORAN, M; MOSHIKARO, K; «The virtues and vices of scholarly activism», *Constitutional Court Review*, 13/1, 2023, p. 18 y ss.

narios. En ese marco, algunos constitucionalistas israelíes defendieron que la meta activista de luchar contra el populismo y la meta académica de diseminar conocimiento y buscar la verdad eran compatibles antes que contradictorias. Es más, si los líderes populistas dicen hablar desde el Derecho Constitucional, es tarea de los constitucionalistas identificar las manipulaciones y explicar a la sociedad las amenazas y riesgos de tales conductas[194].

Incluso quienes así piensan detectan los peligros del activismo. El principal riesgo es que los académicos persigan versiones normativas de lo que consideran «justicia». Es decir, que hagan pasar por obligatorios y acertados criterios que son interpretaciones parciales y sesgadas de la realidad. Otro riesgo es el de corromperse, pues el activista pierde las características de un académico rectamente entendido: rigor, persecución de la verdad, paciencia, precisión metodológica, asumir lo arduo y largo que es el proceso de producir ciencia, etc.

Un factor negativo adicional lo presenta aquel activista que se adscribe a un color político o ideología determinada. Una vez activistas, pierden para siempre la cualidad de «profesor de universidad» que quizá un día tuvieron. El activismo exige rapidez y celeridad —y fugacidad, pues se esfuma bien pronto—; la ciencia exige lentitud, laburo, paciencia y revisión científica. También es un riesgo adicional el hecho de que el activismo fomente el pensamiento colectivo en detrimento del auténtico pensamiento, el individual. No obstante, los autores israelíes creen que los constitucionalistas no pueden caer en la irresponsabilidad de permanecer callados si los principales valores e instituciones constitucionales están amenazados. Aun con cuidado, se debe dar la batalla.

Max Weber nos ilumina cuando dijo aquello de que «las profecías de las cátedras solo crearán sectas fanáticas, pero

---

194 *Vid.* Ittai Bar-Siman-Tov, I; Hostovsky Brandes, T; Lieblich, E; Roznai, Y; Shinar, A; «Scholactivism in the Service of Counter-populism: The Case of the Constitutional Overhaul in Israel», *International Journal of Constitutional Law (ICON)*, 3/2/2025. En línea: https://academic.oup.com/icon/advance-article/doi/10.1093/icon/moae090/7997409?-searchresult=1. Último acceso: 25/5/2025.

no una auténtica comunidad»[195]. Que se lo pregunten a los constitucionalistas que, con alguna honrosa excepción, sufrieron trapacerías varias allá por los ochenta y noventa del pasado siglo...

---

195 *Vid.* Weber, M; *La ciencia como profesión. La política como profesión*, Espasa-Calpe, Madrid, 1992 (1.ª edición original: 1919), p. 88.

10

EL CONSTITUCIONALISMO FEMINISTA COMO ACTIVISMO

En los últimos años se han significado diferentes propuestas sumamente militantes en torno al constitucionalismo feminista[196]. Ya el hecho de emplear adjetivos escama («constitución popular»), pues Loewenstein nos enseñó que si la Constitución lo es de veras no necesita adjetivación. Pero, en fin, partamos de ese constitucionalismo feminista y veamos qué le exige a la Constitución en general y a la nuestra en particular.

10.1. La Constitución violeta

¿Qué defiende el constitucionalismo feminista? Ponerle «gafas violeta» a la Constitución para convertirla en un apéndice más del feminismo rampante. Aquí exigen paridad en todos los órganos e instituciones, allá demandan interpretar cualesquiera normas con perspectiva de género, acullá pretenden endurecer medidas contra la violencia de género, obligarnos a emplear lenguaje inclusivo (que, al final, resulta ser exclusivo y excluyente) hacer pedagogía trans o anti-

---

196 *Vid.* ÁLVAREZ RODRÍGUEZ, I; *Crítica del constitucionalismo feminista*, Atelier, Barcelona, 2020; ÁLVAREZ RODRÍGUEZ, I; *Nueva crítica del constitucionalismo feminista*, Colex, A Coruña, 2023; y ÁLVAREZ RODRÍGUEZ, I; *Fábulas del constitucionalismo feminista*, Dykinson, Madrid, 2024.

trans, según la rama feminista que predique, o perseguir sin desmayo la discriminación interseccional, amén de un sinfín de obligaciones asfixiantes.

Su nexo es el activismo, esto es, intentar hacer valer criterios políticos e ideológicos antes que jurídicos para forzar una interpretación que se ajuste a dicha ideología. Esto se observa especialmente en algunas sentencias del Tribunal Constitucional, donde aboga por aplicar la perspectiva de género en la interpretación de las demandas de amparo que le llegan, reviviendo el uso alternativo del Derecho (crear imaginativamente el Derecho, no aplicarlo mecánicamente)[197]. O, dicho con otras palabras: el sistema, que en realidad es patriarcal, justifica que los jueces sean activistas para corregir los desmanes patriarcales. Es una dialéctica amigo-enemigo, netamente binaria, donde se debe tomar partido ineluctablemente por el bien y por la justicia; esto es, por el constitucionalismo interpretado a la feminista[198].

El principio elemental que defiende la inmensa mayoría de los adalides del constitucionalismo feminista es igual de simple que de imposible: encajar, a martillazos si es necesario, los postulados del feminismo en el Derecho Constitucional como disciplina y en la Constitución como norma. Con tamaña ambición, ¿qué podría salir mal? Estamos ante un movimiento fundamentalmente político y, en ocasiones, políticamente fundamentalista.

10.2. Interrogantes sobre el constitucionalismo feminista

El primer interrogante tiene que ver con la amplitud cuantitativa del movimiento. ¿Cuántos profesores se dedican a estos desvelos? Creemos que, en cuestión de números, estamos ante una proporción exigua que apenas alcanzaría a ser muestra representativa en un estudio sociológico.

---

197   *Vid.* ÁLVAREZ RODRÍGUEZ, I; *Perspectiva de género y Constitución*, Colex, A Coruña, 2024.

198   Véase OLLERO TASSARA, A; «¿Qué podría significar hoy uso alternativo del Derecho?, *Nueva Revista*, n.º 21, 1992, p. 20 y ss.

Lo mejor que podemos hacer es una aproximación, dada la falta de datos oficiales del censo de profesores de Derecho Constitucional[199]. Supongamos que las integrantes de la Red Feminista de Derecho Constitucional fueran la voz cantante y danzante del constitucionalismo feminista. Según su página web, la integran 55 socias. Solo en las Universidades públicas de Madrid, Castilla La Mancha, Extremadura, Oviedo y Valladolid ejercen en torno a 200 constitucionalistas. La cuenta sale clara: no puede decirse —como por lo demás no puede decirse de ningún ámbito de investigación concreto— que sean mayoría los profesores de Derecho Constitucional preocupados por el constitucionalismo feminista. Es una inmensa minoría la que lanza rayos y truenos desde la atalaya.

El segundo interrogante es cualitativo. ¿Tiene calidad el argumento que defienden? En realidad, este apunta en una dirección: todos y cada uno de los postulados del feminismo deben tener reconocimiento constitucional explícito. Desde el consentimiento sexual hasta la paridad, pasando por el aborto o el lenguaje inclusivo. Todo aparece mezclado en el menú: reivindicaciones plausibles, exageraciones imposibles, pensamientos meritorios al lado de ocurrencias desastrosas, etc. Cada categoría constitucional es susceptible de ser feminista porque todo debe serlo. Con ese ariete en la mano, se trazan planes elefantiásicos, de pura ingeniería social. Como emplear la perspectiva de género en cualquier lance, aunque no sepan explicar qué es, resultando sin solución de continuidad la victoria de quien diga la alanceadora. Como defender que la mejor manera de superar la discriminación de las personas es discriminar positivamente a ciertos grupos. Como insistir en que la Constitución debe ser

---

199 En el curso 2009-2010 el Instituto Nacional de Estadística cifraba en 590 el número de constitucionalistas (https://www.ine.es/jaxi/Datos. htm?path=/t13/p405/a2009-2010/l0/&file=02006.px). En 2019, el Ministerio de Ciencia, Innovación y Universidades, confirmaba que había 86 catedráticos de Derecho Constitucional en España (https://maldita.es/malditodato/20190215/no-hay-130-catedraticos-de-derecho-constitucional-en-espana-truco-de-roger-torrent/). Último acceso a ambos: 28/5/2025.

«feminista», demostrando así no haber escarmentado de la experiencia de aquellas «Constituciones populares» o «neo-constitucionales»[200].

Atrey define el constitucionalismo feminista como el discurso teórico y práctico desde el razonamiento feminista que se elabora en el marco del constitucionalismo. La autora llega a dicha conclusión después de analizar el caso de la India, lo que le da pie para decir que no hay ni puede haber nada parecido a un «tribunal feminista» o a una «Constitución feminista». Lo que sí hay es un constitucionalismo feminista en cuanto a la defensa sustancial y sostenida del razonamiento feminista, siempre que se admita, dice la autora, que es «diverso y conflictivo»[201]. Dicha visión es la que se echa en falta en nuestro constitucionalismo feminista: aceptar que en los debates haya voces discordantes. No aceptar eso es defender mera propaganda. Está muy bien que nos guste la mortadela, pero resulta de todo punto inaceptable venderla como jamón de jabugo.

El tercer interrogante que surge es el de la credibilidad. Buena parte de escritos firmados por los cultivadores del constitucionalismo feminista exponen una sociedad imposible para las mujeres, donde ellas han sufrido y sufren toda clase de discriminaciones y pretericiones debido al salvaje heteropatriarcado que campa por sus respetos. Resulta que quien más habla, más tiene que callar. Imagine el lector que lo que va a leer ahora son cuatro ejemplos reales de cuatro conspicuos constitucionalistas feministas y juzgue si le merecen credibilidad sus argumentos a la luz de su biografía.

Empezamos con X. Profesora titular de Derecho Constitucional, letrada del Tribunal Constitucional, con participación en medios de comunicación generalistas (El País, La Ser) y

---

200   La polisemia de términos como «Constitución» o «democracia» da pie a un rico debate en el no podemos profundizar ahora. Véase G. Maestro, J; *Ensayo sobre ...*, cit, p. 42 y ss. Profundiza sobre esta cuestión Muñoz Machado, S; *De la democracia en Hispanoamérica*, Taurus, Barcelona, 2025.

201   *Vid.* Atrey, S; «Feminist constitutionalism: mapping a discourse in contestation», *International Journal of Constitutional Law*, n.º 20/2, 2022, p. 641.

entusiasta en mil saraos y embolados igualitarios, algunos más presentables que otros. Cómo llega a ser letrada del TC es una de las historias más divertidas de nuestro mundillo. Resulta que su maestro, magistrado del TC (hombre, blanco, heterosexual, por supuesto), promueve una reforma del Reglamento interno de la institución porque su discípula no podía ser nombrada letrada por aquel entonces, pues *solo* era profesora contratada doctora. No se hable más. Su maestro se mueve, la reforma reglamentaria se aprueba y a ella se la nombra letrada. ¿No estamos ante una medida propia de prácticas heteropatriarcales? No, por Dios. Fue una medida justa para una necesidad acuciante. Y aquí paz y después gloria. La interfecta sacó la titularidad siendo letrada del Tribunal Constitucional y, después de diez años de ejercer sin pisar las aulas universitarias con asiduidad, la ANECA la acredita a catedrática (en vía de recurso). ¿Cómo logra tener el mínimo de horas docentes exigidas? Misterio. Como se ve, la pamema del «sistema rabiosamente heteropatriarcal» demuestra lo que ve un niño de cinco años: cuanto más se quejan del sistema, mejor les trata este. Dicho con otras palabras: es una forma de medrar como otra cualquiera.

Vayamos ahora con Y, quien no por azar es íntima de la anterior y porta apellido poderoso en el mundillo jurídico español. Profesora titular de Derecho Constitucional, letrada del Tribunal Constitucional y, hasta la fecha, vocal del Consejo General del Poder Judicial. Más que participativa en debates desde los mismos medios de comunicación de arriba. El chiste se vuelve a contar solo. Que una persona que goza de tales sinecuras brame contra las injusticias del patriarcado es solo comparable a quien se le multiplica el dinero en el banco y dice que fuera hay crisis acuciante. Pero ya se sabe: prietas las filas y duro contra el hombre, sin temor ni remordimiento.

También tenemos el caso de Z. Una catedrática de Derecho Constitucional que ha gozado de puestos académicos relevantes por medio mundo, Florencia y Estados Unidos mediante. Una persona que ha llegado a entrevistar a Ruth Bader Ginsburg (RIP), Jueza del Tribunal Supremo. Una persona que todo lo tiene y que dice que la más mínima crítica al feminismo es, y solo es, pura reacción ultraderechista.

O el caso de J. Catedrático de Derecho Constitucional, más que premiado por el sistema por alguno de sus artefactos, también llamados «libros», con todos los parabienes posibles, y participación activista en medios de comunicación de todo el espectro de izquierda. Pero resulta que personas como él no pueden hablar. El sistema no les deja. Ese sistema que le publica libros en la editorial Planeta. Ese sistema que le concede estatus, dinero, prestigio (publicidad) y premios. Ese sistema tan insoportable le hace la vida bien soportable a nuestro hombre. Como se puede ver, esta es una vida dura pero meritoria, porque se lucha contra el poder del *hombre malo* (por lo demás una redundancia para estas mentes). Un hombre que promocionó profesionalmente cuando tocó. Que tiene visibilidad. Que aprovecha las oportunidades que se genera. Una persona así dice ser sojuzgado por el sistema.

Para qué seguir.

11

UN MODELO DE INTELECTUAL O UN INTELECTUAL MODÉLICO: EL PROFESOR BASTOS

A continuación, ofrecemos al lector un ejemplo de intelectual: el profesor Bastos Boubeta. A tal fin, primero destacaremos un breve contexto personal y posteriormente expondremos algunas píldoras de su pensamiento.

11.1. Miguel Anxo Bastos Boubeta, el hombre

Miguel Anxo Bastos Boubeta nació en una parroquia rural de Vigo un 12 de agosto de 1967. Se gana la vida como profesor universitario, experto economista y politólogo, sumamente conocido y reconocido dentro y fuera de Internet por defender las tesis libertarias desde la Escuela Austríaca. Estamos ante uno de los principales defensores del anarcocapitalismo en el ámbito académico iberoamericano. Católico a machamartillo, para más señas, manifiesta una auténtica vocación intelectual y, por ende, voracidad y sagacidad en la lectura y reflexión en el pensamiento. Un gigante intelectual, a juzgar por lo que lee, cómo lo lee y las conclusiones a las que llega.

Es Doctor en ciencias económicas y empresariales por la Universidad de Santiago de Compostela (USC) y licenciado en ciencias políticas y sociales por la Universidad Nacional de Educación a Distancia (UNED). Bastos es profesor titular en la Facultad de Ciencias Políticas y de la Administración de la USC, especialista en políticas públicas. Ha participado en innumerables foros y congresos como ponente, así como profesor visitante en diferentes Universidades. Buena parte de su fama en Internet se debió a unas sesiones *subidas* a YouTube que hicieron las delicias de sus seguidores y nos puso al resto sobre la pista. A partir de ahí, las intervenciones, entrevistas, conferencias y simposios que nos ha regalado el profesor Bastos son innumerables.

Es hombre prudente y discreto en cuanto a su vida personal. No hace alarde de nada que tenga que ver no ya con su gran talla intelectual sino con particularidades íntimas. Sabemos que está casado y tiene un hijo y que jamás habla de ninguna de las dos cosas. Sabemos que tiene muchos discípulos que siguen su pensamiento y con eso, a los efectos aquí pretendidos, nos basta y nos sobra. Por eso, entre otras muchas razones, creemos que estamos ante un gigante intelectual.

11.2. Miguel Anxo Bastos Boubeta, el intelectual

El profesor Bastos es uno de los principales baluartes del anarcocapitalismo en España. Sus trabajos y conferencias han sido fundamentales para explicar que la sociedad puede sobrevivir sin Estado, basándose en instituciones como el mercado libre, la libertad individual y la propiedad privada. En un entorno sin intervención estatal, las interacciones voluntarias y los contratos entre individuos serían la base de la organización social y económica. Argumenta Bastos que el Estado, en todas sus formas, es inherentemente coercitivo y lamina la libertad personal. Eliminar la organización estatal conduciría a una mayor libertad, innovación y prosperidad, permitiendo a los individuos vivir en una sociedad regida por el libre acuerdo y la cooperación voluntaria. Deviene Bastos en firme defensor del orden espontáneo, donde la sociedad se ordena naturalmente sin necesidad de autoridad central que «lo garantice» o «lo proteja». En ese sentido, los sistemas de libre mercado saben autorregularse y proporcionan soluciones más eficientes y justas que las impuestas por el Gobierno de turno.

El impacto de Bastos en el pensamiento anarcocapitalista es considerable. Ha sido una voz influyente en el debate sobre el papel del Estado, la economía y la sociedad. Su capacidad para combinar la teoría económica con la filosofía política ha hecho que sus ideas sean accesibles a un público amplio, extendiendo el alcance del anarcocapitalismo más allá de los círculos académicos. En ese sentido, creemos que YouTube ha sido punta de lanza en el éxito de la tarea[202].

Lector voraz y pensador reflexivo, defiende la anarquía ordenada de forma espontánea por las personas libres que viven en comunidad. Anarquía entendida como completa independencia de criterio de quienes la componen, sin que exista un centro que obligue a lo contrario. Un antiestatista declarado y un defensor del libre mercado y el capitalismo, las dos herramientas que han permitido a millones de occidentales salir de la miseria.

A) La calidad del argumento y la preferencia revelada

Bastos insiste en que lo importante en Ciencias Sociales es la calidad del argumento, no quién lo diga o cómo lo diga. Por eso defiende la discusión *ad rem* (sobre las cosas) y nunca *ad hominem* (sobre las personas). Atacar la idea, no al ser humano. También invoca la preferencia revelada: en Economía, como en la vida, lo importante es lo que hacemos, no lo que decimos (ni tampoco lo que decimos que vamos hacer, pero no hacemos). Las personas decían que les gustaba leer la Biblia y no beber alcohol, pero hay más bares abiertos que iglesias, librerías o bibliotecas.

---

202 *Vid.* MONERA DAROQUI, F; «Don Miguel Anxo Bastos: un pilar del anarcocapitalismo contemporáneo», *Instituto Juan de Mariana*, sin fecha. Enlace: https://formacion.juandemariana.org/don-miguel-anxo-bastos-anarcocapitalismo/. Último acceso: 15/6/2025.

B) Transición energética y coche eléctrico

Respecto a la cacareada transición energética, Bastos cree que de momento es imposible. Y esto lo dice atendiendo a los defensores de estas tesis, pues manifiestan contradicciones y descoordinaciones insalvables. No tenemos los medios para hacerlo. No tenemos el dinero para sufragarlo. Queremos coche eléctrico, pero no gozamos de la industria para generarlo. Este tipo de vehículo viene de EE. UU. y allí ya se ha demostrado capaz de destruir empleos y ciudades enteras. Por no mencionar que el coste de producir el coche eléctrico es más contaminante que uno «normal».

C) Plazos, mercados y ciencias

Bastos cree que poner un plazo es lo peor que puede hacerse en políticas públicas, pues ata y presiona de forma extenuante. Los bienes se abaratan con el tiempo siempre y cuando tengan un mercado, tanto mejor si es un mercado mundial. Si sólo tengo yo el bien, pondré el precio que quiera. Otra idea a considerar es que los conceptos de ciencias naturales no pueden extrapolarse a las ciencias sociales. Por eso la igualdad es tan problemática, porque es un concepto puramente matemático que pretende trasladarse sin más a la vida real.

D) No al consenso

Bastos recuerda la importancia de tener las cosas claras. La idea del consenso, sin ir más lejos, es una idea política y por ende discutible. Consenso es todos, pero el 99 % no es consenso, es una mayoría (muy mayoritaria, pero mayoría, al fin y al cabo). El principal problema del consenso es que cualquiera puede vetar la decisión y, de tal guisa, bloquearla.

Otra idea clarividente: estamos acostumbrados a que nos digan que la ciencia es democrática (ejemplo: las comisiones de investigación parlamentarias) pero nada más lejos de la verdad. La democracia no vale para decidir qué es verdadero y qué es falso. La ciencia es la calidad del argumento. El consenso tampoco garantiza la verdad. Por no mencionar la tendencia a la hipóstasis: aplicar conceptos teológicos a la política, haciendo pasar lo abstracto por real.

E) Expertos

En la discusión cotidiana no prestamos mucha atención al concepto de «experto» pero si lo hiciéramos nos daríamos cuenta de que es sumamente ambiguo. Experto, ¿en qué? ¿Desde cuándo? ¿Quién lo determina? ¿Qué expertos? ¿Con qué filiación política? ¿Quiénes son los mejores, peores o simplemente buenos? Al fin y al cabo, unos eligen a sus expertos y los otros hacen lo propio con los suyos.

Lo de ser un vendido o estar a sueldo del partido político de turno no resiste el examen. Lo importante, insiste Bastos, es la calidad del argumento. Todos somos unos vendidos de una forma u otra, por lo que decir que este experto está a sueldo de VOX, pongamos por caso, es no decir nada. Puede cobrar y decir la verdad y puede no cobrar y decir la verdad. Al igual que puede mentir sin cobrar. Es sabido que es peligroso tener razón cuando el Gobierno está equivocado (Voltaire), al igual que hay que pensar como la minoría y hablar como la mayoría (Schopenhauer).

F) La envidia igualitaria

La *envidia igualitaria*, en expresión insuperable de la monografía de Gonzalo Fernández de la Mora, se deja sentir en diversas interacciones sociales. En realidad, si nos fijamos bien, las diferencias son de grado no de esencia. Un seiscientos y un Mercedes son ambos coches. Pero buscamos el estatus y la distinción. Marx admiraba el capitalismo, pero creía que un paso lo tiraba todo por la borda: la explotación del obrero. La plusvalía pasaba a manos del empresario. Por eso abogaba por su destrucción. Bastos entiende esto falso y de ahí el naufragio intelectual del marxismo.

Un mercado exitoso sabe anticipar las demandas de los consumidores. No triunfa «el más grande» o «el más fuerte».

Bastos se lo explica a sus alumnos así: «cuando venís a clase en la Universidad, venís a especular porque adquirís conocimiento barato para después venderlo caro». Podemos fallar o acertar en nuestras decisiones, pero eso hacemos, cometer o evitar «errores empresariales».

El dinero sirve hoy para comprar, más que bienes físicos, bienes psíquicos. Para reconfortar nuestra psique: vestir ropa bonita, ir a conciertos, viajar, o tener una casa preciosa en un barrio estupendo. Va más allá del mero bienestar material, son signos de estatus, distinguidos. El capitalismo es una tecnología aprendida. Un proceso, igual que leer y escribir. Se aprenden, no son innatos al ser humano (hablar sí lo es). Aunque vivimos capitalismos fuertemente intervenidos por lo público.

G) Configuración por defecto: de izquierda, estatista y socialista

Otro tema que trata nuestro querido profesor Bastos es la estructura ideológica por defecto (incluso en personas de derechas): la de izquierdas. Nadie discute de verdad la sanidad pública, que se deba prestar el servicio sanitario por lo público. Nadie discute en público la justicia social. Todos asentimos —pensemos de verdad lo que pensemos— cuando se trata de la redistribución de las rentas. El marco mental es siempre el mismo. Como Bastos dice: de los diez puntos que tiene el Manifiesto Comunista ya se han cumplido ocho y los otros dos están a medio camino.

Bastos explica que son más temibles las regulaciones que los impuestos, porque paralizan todo. Por ejemplo, los horarios obligatorios ¿Pero por qué obligan a cerrar un domingo o a abrir solo hasta las 20h? El capitalismo es paciencia y batalla cultural. Sacrificio y comunicar ideas.

Como por ejemplo esta: la educación institucionalizada solo prima una habilidad y desecha el resto. Se potencia lo intelectual en quien ya es intelectualmente potente. Casualmente, esa es la característica que tienen los intelectuales que promueven tales reformas educativas. Por lo demás, un ejemplo claro de cinismo: no se redistribuye todo, claro, se redistribuye solo lo que dicen quienes están en lo alto de esa pirámide. Al niño capaz le damos más margen para que sea más capaz y lo mandamos a Harvard. Al niño incapaz le aprobamos raspado y le decimos, con palabras más o menos amables, que hasta ahí ha llegado. No le mandan nunca a Harvard. ¿Qué clase de redistribución es esa? Esa en la que a quien tiene más, más se le da y a quien tiene menos, menos se la da. ¿Por qué se cumple, una vez más, la famosa parábola de los talentos de la Biblia?

Bastos colige que la inflación es una ametralladora contra el capital. Y que España es de los países más socialistas e izquierdistas que hay en el mundo. Como dijo Ortega: somos un país al que le falta pan y quema las panaderías. Vamos contra las grandes distribuidoras cuando gracias a ellas se abaratan los precios. Es más, existe cierta armonía entre el pequeño comercio y las grandes superficies pues no hay más que ver la cantidad de tiendas pequeñas alrededor de cualquier Corte Inglés. No solo no mueren, sino que sobreviven boyantes; y lo hacen en parte gracias al *efecto llamada* del segundo. Amazon hizo daño a empresas como Worten o Mediamarkt porque ofrece productos y servicios similares, no al pequeño comercio.

Pensemos en las panaderías de hoy. Antes había un tipo único de pan (la pistola). Hoy hay infinidad de panes, masas, levaduras, sabores y aromas. Eso es una auténtica maravilla. Uno de los grandes problemas del socialismo es que no había nada pequeño. Todo era empresa pública gigante. No había un «Taller Manolo». Había que crear un taller en cada empresa cuando algo no funcionaba, lo cual era absolutamente ineficiente.

Otro efecto que anota Bastos es que las empresas de hoy en día las dirigen personas que llegan, hacen su trabajo, y se van a otra. Hay pocos empresarios de los de antes, que dirijan el negocio que un día crearon. Los llamados directivos, CEOs, fríos, sin emociones, máquinas de gestionar. Al final, siempre despunta la misma pregunta: ¿y quién le da trabajo al obrero? El que hace, no el que habla.

H) Educación

Bastos opina sobre los profesores y los alumnos universitarios. Respecto a los primeros cree que da un poco igual quién dé clase pues el sistema tiende a tratar a los profesores como piezas fungibles de un mismo engranaje. Respecto a los alumnos de hoy, Bastos cree que son mejores personas que los alumnos de ayer y, también, menos curiosos intelectualmente hablando.

No hay que olvidar que la educación pública tuvo mucho que ver con el proyecto político de centralización del Estado. El gusto por la ley positiva hizo que todo se plasmase en normas escritas, independientemente de que fueran o no eficaces, reiterativas, muy generales o directamente malas. De hecho, hay un dato muy curioso: cómo cambian los libros de texto en España, sobre todo de Historia, cuando cambian los Gobiernos nacionales.

Bastos es de los que piensa que hay muchas formas de educarse más allá de los programas oficiales, siempre que no importe la *titulitis*. Hay una frase que recuerda nuestro politólogo: la verdad se impone sola. Es la mentira la que debe ser constantemente publicitada e impuesta desde arriba. De ahí tanta bulla cotidiana con el feminismo, el cambio climático, el veganismo, o el coche eléctrico.

Si observamos los primeros tramos educativos muchas asignaturas tienen un carácter profundamente estatista, para unificar el pensamiento: todo el mundo lee lo mismo, ergo todos pensarán y dirán lo mismo. Enseñemos la misma Historia, la misma Geografía, la misma Literatura...

I) Marxismo (no)

Bastos afina su pensamiento cuando resuelve el misterioso expediente marxista. Cree que el grueso del discurso marxista se compra por todos, incluso por muchos empresarios. Al marxismo nunca se le hizo una crítica sistemática, punto por punto. El talón de Aquiles de esta doctrina resulta claro para el profesor: no hay robo alguno, ergo no hay explotación. Da igual, porque seguimos copiando los conceptos marxistas como la «estructura de clase». Igual que nadie discute la educación pública obligatoria, el IRPF, o el BCE. Estas ideas fueron revolucionarias en su día, figuraban en el Manifiesto Comunista y hoy se asumen acríticamente.

Bastos cree que Marx critica mucho al capitalismo, pero nunca dice cómo debiera ser el socialismo del futuro que ganaría a dicho capitalismo. El socialismo se implementa sin modelo a seguir porque, sencillamente, no lo tiene. Como dijo El Che, sin saber que reconocía la superioridad de su archienemigo: *por fin se instauró el socialismo en un país desarrollado* (la Cuba de Batista).

Una de las cosas más peculiares que se observa en este tipo de cuitas es que los teóricos marxistas no vienen de países donde hubo marxismo sino de las principales economías capitalistas, de gran capitalismo de hecho, como EE. UU., Reino Unido, Francia o Alemania. Por no mencionar que el propio Marx siempre escogía los peores datos de los disponibles para «demostrar» sus tesis.

J) El mercado da prosperidad

La prosperidad que trae el mercado es palpable. Hace cuarenta años en España no poca gente pasaba hambre física, la de verdad. Hoy la gente no la pasa, ni siquiera los que lo tienen peor. Como dijo Schumpeter: el obrero de hoy vive mejor que el faraón. Y tiene toda la razón. La única igualdad realmente existente proviene de hechos históricos que conviene evitar si se puede: pestes, pandemias, holocaustos, guerras y un sinfín de etcéteras.

España creció exponencialmente durante cuarenta años una vez hubo perdidas todas sus colonias (Cuba incluida). Costaba mucho más mantenerlas que beneficios daban. Bastos se congratula de ver a la gente normal vivir bien. Ese debe ser el lema.

Schumpeter lo dijo: no existe ningún bien o servicio público que no haya sido prestado antes por el sector privado. Debemos explorar eso. Tenemos que hacer arqueología y descubrir cómo lo hicieron otros antes de nosotros, para ver si hoy podría hacerse de otra manera. La economía de mercado ha permitido a la gente corriente vivir bien. Eso es el capitalismo, tan denostado por cuatro indocumentados. El capitalismo es lo contrario del consumismo.

K) Trabajo intelectual

Para Bastos, el trabajo intelectual es paciente y de largo alcance. No a las armas y sí a las plumas. Pero para que la pluma corra con soltura debemos estudiar. Hay que dar la batalla de las ideas, difundir la palabra, que la gente sepa cuáles son los valores anarcocapitalistas y darles tiempo y espacio para que los asuman y defiendan.

Bastos recuerda que los intelectuales de izquierda nunca quieren redistribuir cosas como la capacidad intelectual. Defienden, por el contrario, que se redistribuya el dinero, porque al fin y al cabo no atisban ni cómo se genera. O que se redistribuya la carga fiscal, pues ya saben cómo evadir impuestos. Que se redistribuya todo menos justamente aquello que les permite tener un castillo donde enrocarse si vienen mal dadas y constatar que la aplicación de sus ideas solo trajo destrozos.

L) La burocracia

Muchos nos preguntamos por qué se arruinan quienes ganan un premio millonario de Lotería o ingresan cantidades ingentes de dinero con su trabajo (artistas o deportistas: casi nunca empresarios). Bastos da la respuesta: tienen dinero, sí, pero no cultura del dinero. No son capitalistas, por eso se van a pique. Gastan sin ton ni son, en lugar de ahorrar e invertir con cabeza. Hay que compartir esas convicciones en torno a la cultura del capitalismo. La idea de fondo siempre es la importante. Cómo se ejecute dicha idea en la práctica puede variar.

Otro problema que trata Bastos es el de la burocracia, cosa que siempre se parece al jefe (sea quien sea el jefe). La burocracia es ciega, puro rompehielos que destruye lo que encuentra a su paso. Pero defiende una idea que puede sonar extraña: que haya muchas burocracias, en el sentido de muchas cabezas. De esa manera es muy complicado que fuerzas externas penetren y conquisten con facilidad. Los mongoles descabezaron Asia y Persia porque les bastó cortar una cabeza, pero no pudieron hacer lo mismo con la fragmentación europea porque no estaban acostumbrados a luchar contra varios ejércitos pequeños, cada uno con su castillo, su feudo y su reino.

M) Armas en EE. UU. y votos en Suiza

Sobre el tema de las armas, Bastos ofrece una respuesta en clave libertaria. La lógica de la II Enmienda constitucional norteamericana no estriba en permitir las armas para defenderte del ladrón, del bandido o del vecino. Es para evitar que el Estado venga a sacarnos a rastras de casa a las cuatro de la mañana. Es contra el Estado, para nuestra legítima defensa.

Le gusta al profesor Bastos el modelo suizo, porque votan mucho y casi siempre dicen *no* a lo que les ofrecen. Su sistema de gobierno es de directorio, lo que significa que cada partido tiene asiento en el Ejecutivo en función de sus resultados electorales. De hecho, el presidente de Suiza se turna anualmente entre los siete miembros del Consejo Federal, órgano colegiado que ejerce tanto el poder ejecutivo como la jefatura del Estado en Suiza. En ese país, las cosas cambian paulatinamente y sin grandes alteraciones, nunca radicalmente.

N) Ciencia y política

Bastos cree que el político blande «la ciencia» como pretexto para legitimar su irresponsabilidad y eludir la rendición de cuentas. Al cuestionar la Ciencia debemos hacerlo desde la misma Ciencia, lo que confirma la propia Ciencia. Al cuestionar la democracia debemos hacerlo desde mecanismos democráticos, lo que confirma la democracia. Es la conocida falacia de la petición de principio: al decir que quieres demostrar algo, incluyes dentro de ese algo lo que pretendes probar. En otras palabras: se construye un argumento circular cuya conclusión está incluida en la premisa. Este argumento, lógicamente incoherente, a menudo se presenta en situaciones donde alguien tiene una idea muy arraigada en su cabeza como válida.

Ñ) Valores del capitalismo, el individuo y el mercado

¿Qué hace el poder político? Parapetarse detrás de los científicos para esconder que la decisión es siempre y en última instancia política, no científica. Recordemos el comité de expertos nombrado por el Gobierno para gestionar la pandemia. Ni siquiera sabemos, a día de hoy, quiénes lo integraron. Decidir es, siempre, tomar una decisión política. Y Bastos recuerda que todo es anarquía. Un gobierno de coalición es anárquico por naturaleza. Un grupo de amigos, lo mismo. La pareja, también. Incluso la Iglesia Católica o las relaciones internacionales. Precisamente por eso, recuerda el gallego, son tan estables: porque cualquiera de las partes puede irse en cualquier momento.

Bastos opina que no es obligatorio ser capitalista, pero si uno lo es debe observar los valores propios del capitalismo: frugalidad, ahorro, trabajo duro, constancia, paciencia y perseverancia. Si todos los días compramos ropa, estamos drogados, o trabajando a medio gas, nada próspero produciremos.

Más sabiduría *bastiana*: el individuo solo puede serlo dentro de una comunidad, dentro de quienes te conocen. En el Estado no, pues solo eres un número. Incluso vale para quienes te odian, pues para odiarte hay que individualizar al odiado, se reconoce al menos tácitamente que la persona odiada es una persona.

Otra idea recurrente en su pensamiento: el sistema de mercado es transformar egoísmo individual en bienes para todos. Vender pan, revistas o camisetas. Además, que exista compraventa no significa que no pueda hacerse dentro de una relación amistosa. Pero en la Universidad el obstáculo es claro: las asignaturas de ciencias sociales explican y justifican los sistemas políticos existentes, sin discutirlos nunca en profundidad y sin explorar el origen o legitimidad del poder que ostentan.

Nunca olvidemos, dice el gallego, que el Estado es coacción y fuerza: incluso si es dirigido por ángeles sería en esencia inmoral y agresor. Las Constituciones y el anarcocapitalismo han intentado controlar y limitar ese poder omnímodo[203]. Bastos considera que mejor el segundo que las primeras, pues basta con adoptar su ideario. En cambio —entiendo yo, no Bastos— las normas constitucionales se encuentran en medio de la melé política cotidiana. Si pensamos en términos anarcocapitalistas todo cambia, según nuestro politólogo.

De ahí que el Estado se apresure en construir sistemas educativos para que los alumnos no le cuestionen: estas son las fronteras, dentro tenemos estas montañas y ríos, esta es la capital, etc, etc, etc. Si dejamos de creer en el Estado cae la obediencia consciente pues nuestras rutinas pasan a ser órdenes (al menos para nosotros). La autoridad debe ser combatida con la resistencia pasiva. ¿Le daríamos un cuarto de nuestro salario al vecino por el mero hecho de que nos amenace con un arma? ¿Y por qué al Estado sí? Al cabo, son órdenes concretas de personas de carne y hueso...

Cita a Gene Sharp, un teórico de la resistencia no violenta, cuyas tesis se centraban en planificar una estrategia, superar la atomización (el individuo como unidad aislada), establecer pilares de apoyo, resistir la violencia, tratar las cosas como merecen ser tratadas, hacer jiu-jitsu político (emplea la fuerza del adversario para contragolpear) y no rendirse.

O) Compra de votos y abstención electoral

Para Bastos, lo importante no es el sistema de voto (cómo se vota) sino qué se vota (por qué y para qué votamos). Cuando le preguntan sobre la presunta compra de votos responde como el genio que es: si hay que comprar el voto eso significa que desde que se mete en la urna el sistema es perfecto. Si no, se falsificaría el acta y asunto concluido. O pondrían y quitarían votos de las sacas. Pero no. Cuando se quiere amañar, la opción preferida siempre es intentar com-

---

203 Véase ARNALDO ALCUBILLA, E; *Tiempo de Constitución. Límites, controles y contrapesos del poder*, Editorial Ramón Areces, Madrid, 2021.

prar voto, para que luego el elector lo deposite en la urna y siga el proceso legalmente establecido.

En pueblos pequeños esa «compra» adopta la forma del intercambio de favores. Cuando no hay acción colectiva todo se basa en lo personal, en el tú a tú. Algunos dan al dinero una connotación sucia, tratándolo de corruptor. Pero si el Gobierno de turno da graciosamente 400 euros a los que cumplen 18 años, lo llamas *bono cultural* y nadie habla de «compra de votos», cuando es justo lo que es. La gente, cuando desconfía, usa la acción individual a cambio de un favor tangible. Pero Bastos insiste: cualquier cosa hecha por lucro pareciera corrompida (o eso dicen algunos). Pone el ejemplo de la prostitución: si un chico y una chica se acuestan, todo bien. Pero si hay dinero de por medio para estas mentes *parvularias* ya opera un sistema de opresión y explotación, a pesar de que el hecho en sí es idéntico en ambos casos.

Le preguntan al profesor Bastos por qué VOX subió menos en Galicia que en otros sitios en las elecciones de mayo de 2023. Respuesta genial: porque no hay MENAS. A lo que añade que la abstención es propia de países prósperos, pudientes y pacíficos. Es síntoma de madurez y estabilidad. Mucha abstención muestra que esa sociedad no está especialmente tensionada.

El posmodernismo se convierte en una técnica para el uso del poder dentro de un mundo sin verdades ni referentes. Bastos cree que la convocatoria anticipada de elecciones generales para julio de 2023 fue una jugada inteligente de Sánchez: mueve el marco, toma el control del discurso, chafa la celebración del PP por el éxito de las municipales y autonómicas, hace que aumente la exposición mediática y, con ello, la posibilidad de que el PP yerre o se queme.

P) El marxismo se vende bien

Bastos observa que en el marxismo hay vida: exponen su ideología por tierra, mar y aire y ofrecen una explicación de todo, holística, global, desde el trabajo, hasta la familia, pasando por la literatura o el Derecho. Te daba una vida entera. Mientras que las personas de derecha han renunciado al relato, están guarecidas en sus puestos, haciendo dinero en lo económico y dejando libre el debate público para que aquellos y sus herederos campen por sus respetos cantando las alabanzas de ser de izquierdas (¿?). Mientras tanto, nadie explica por qué la economía de mercado es tan exitosa y saca de la pobreza a millones de personas. Nadie relata o novela tal éxito. No se hacen series o películas. Solo tenemos la historia contada por los de izquierdas. Por eso hay miles de libros y películas sobre el particular y nada sobre lo que de veras hace funcionar el mundo. Lo que pasa en la calle queda sin explicar. Los académicos marxistas no hacían aburridos ejes de coordenadas en la pizarra; eran cultos, explicaban cosas y te sumían en un atractivo marco revolucionario donde la vida cobraba sentido. El marxismo no era frío, muy al contrario. Los profesores de universidad de aquella época, sigue Bastos, estaban absolutamente convencidos de lo que contaban. Marxistas leídos que explicaban la vida. En otras palabras: se vendían fenomenalmente bien, tanto ellos como su ideología.

Q) Burocracia y socialismo son lo mismo

Trata Bastos el tema de la burocracia, aparato público sobre el que descansa la administración. Y dice que la burocracia no es neutral, tiene sus propios intereses y los defiende. No obstante, Mises dijo aquello de que el socialismo no es ni bueno ni malo: es imposible. Por más que se empeñe, el poder político jamás podrá con lo económico. Por eso necesitan sectores públicos donde manden ellos: justicia, carreteras, sanidad, educación... Sólo surgen, de ahí, preguntas sin respuesta. Por ejemplo: ¿cuántos profesores debe haber? ¿Deben cobrar todos igual? ¿Deben tener los mismos complementos? ¿Los tratamos igual si dan clase a veinte que a cien? ¿Quién, cómo y por qué lo determina? Y las carreteras... ¿cómo deben ser? ¿cuántos carriles deben tener? ¿y respecto a los jueces: ¿cuántos, cómo, dónde...? También es aplicable a las empresas: ¿de qué tamaño, tienen tope? La gran diferencia es que en el segundo caso es el mercado quien dicte sentencia.

R) La economía de mercado

Bastos explica que los mercados se coordinan solos. De ahí que tantos políticos los odien, porque no pueden meter la mano. No hace falta consenso: hoy pides algo a Japón y mañana lo tienes en casa, sin necesidad de acordar nada más. Por otro, el control de precios es nefasto porque mata la economía. Pero como el mundo lo explica la izquierda, eso tampoco se sabe. Lo dijo Schumpeter: el capital no tiene ni mitos, ni leyendas ni héroes. Los precios coordinan, enseñan y señalan la mejor alternativa. Eso es explicar las cosas. Como decía Gila: ¿El submarino? De color muy bien, pero no flota.

El sesgo negativo nos anega: poner el telediario y llorar es todo uno. Como contraposición, la vida real. Las cosas funcionan porque el mercado funciona. La gente llega al trabajo. Los puentes no se caen. Vamos y venimos. Compramos comida. Los aviones aterrizan. La casa no se derrumba. Los trenes salen. Pero algunos se empeñan en lo contrario. En no reconocer ni lo más mínimo de bueno que tiene «el sistema». Nuestro profesor nos ofrece consejo y consuelo. No es poca cosa.

Bastos también reflexiona sobre los Imperios. Piensa que cuanto más grande peor, porque cuesta más mantenerlo. Cree que comprar cosas de lujo lleva a necesitar comprar cada vez más cosas de ese estilo. Cuenta la leyenda de que a un empresario le quisieron regalar un Rolls-Royce sus empleados. Al enterarse, se negó en redondo a aceptarlo y les dijo: «para mí, ese coche no representa nada». El profesor Bastos cree que comunicar bien y gestionar bien son cuestiones distintas porque requiere habilidades diferentes. Jerónimo era el líder perfecto para la guerra, pero fue nefasto para la paz.

El intervencionismo salvaje conduce a endeudarse. Bastos cree que pagamos sobre todo los intereses de la deuda. De hecho, la deuda es un mecanismo genial para los Gobiernos porque está pensada para no pagarse. Miremos el contraejemplo de Suiza: en cuanto subió la inflación, bajaron los tipos de interés. Tiene una moneda sana. No está en la eurozona y esa es la clave de por qué no le afecta lo que dicen que afecta «a todos» (la guerra en Ucrania). Suiza, un país que rota su presidente anualmente por los diferentes partidos. Además, si cobramos y no producimos, suben los precios.

S) Impuestos y propiedad privada

Para Bastos el impuesto de sucesiones es el secuestro por el Estado del inmueble para conminar a sus herederos: *o pagáis el rescate o no hay casa*. Algo parecido sucede con el derecho de propiedad privada. Bastos cree que en realidad lo que subsiste es un usufructo porque, según la Constitución española, el político puede expropiar alegando la «función social» de la propiedad. Para mayor vergüenza, ese político establece unilateralmente el justiprecio, compensación siempre más baja que el precio de mercado. Esto otorga un poder desmedido a unos tipos que deben pensar a lo Luis XIV: *El Estado soy Yo.*

El Estado controla a su pueblo mediante diferentes herramientas. Una de ellas es unificar el lenguaje, los pesos y medidas o los apellidos. La escala siempre es relevante: Andorra, Luxemburgo, Liechtenstein deben ser países abiertos al exterior. Deben tener una moneda sana. Deben ser fiables. De lo contrario, no sobreviven. La fragmentación de Europa, el hecho de ser tantos Estados, facilitó el surgimiento de la economía del mercado y del capitalismo.

T) Amnistías, jueces dependientes y Estados calamitosos

Hablando de la amnistía: para Bastos los delitos entre políticos acaban siempre amnistiados, de una manera o de otra. La división de poderes es un mito. Basta mirar al Consejo General del Poder Judicial o al Tribunal Constitucional. Todos intentan controlar tales órganos, como hizo Roosevelt nombrando tres jueces (más) del Tribunal Supremo para sacar adelante su New Deal.

Bastos arguye que cuando los jueces se hacen funcionarios dejan de ser independientes. Les pueden mover geográficamente, cambiar de destino, inspeccionar su juzgado (con la consiguiente paralización de todo el trabajo), o reducir su sueldo. Con la seguridad pasa otro tanto: el Estado está preparado para combatir otros Estados, no grupos como los yihadistas o los piratas marítimos. Se intentó combatirlos mediante buques gigantes y el resultado fue desastroso. Se solucionó cuando lanzaron varias zodiac al mar con dos mercenarios en cada una. De hecho, cuando surgió el terrorismo yihadista y los políticos dijeron que no sabían cómo combatirlos, los jefes de la Mafia corsa dijeron en público: «déjennos a nosotros, que nosotros sí sabemos». Silencio sepulcral.

¿Dónde se esconde mejor el yihadista?, se pregunta Bastos. En Estados grandes. No en Mónaco o Luxemburgo o Andorra. En Bélgica, que es donde hace daño por indetectable. Cuando atentaron en la Sala Bataclan de París un puñado de salvajes consiguió parar Francia durante días: carreteras cortadas, vuelos cancelados, espacio aéreo cerrado. El enemigo ahora opera en Red, está en todos lados. El Estado como tal no puede ni sabe combatirlo.

U) Consejos para la vida

También deja Bastos algunos consejos. Uno: mira en qué eres bueno y haz que te guste. No es tanto ir persiguiendo sin medida lo que te guste, pues será esfuerzo baldío. Pero si lo haces al revés y te fijas en lo que haces bien, que te guste resulta menos costoso. Dos: hacer escuela, poder hablar de estas cuestiones con personas afines a ti; eso implica necesariamente estar en un sitio de forma permanente, al menos poder volver a él.

Como siempre, el politólogo aporta pensamientos sugerentes y frases memorables. Como cuando dice que no debes abandonar lo viejo hasta que tengas lo nuevo. O que la pepita de oro que encuentras por la calle la pagan exactamente igual que la hallada después de rebuscar en el barro. Toca no desesperar: cuando alguien vale para algo, no lo puede esconder ni disimular por más que quiera.

La fragmentación unifica por las buenas, porque se tienden puentes por mutuo interés, se crean alianzas y pactos y las unidades compiten sanamente entre sí. La riqueza verdadera es producir bienes y servicios. Lo demás es filfa. ¿Y las bitcoins? Con la tecnología que incorpora la cripto-moneda, dirá Bastos, se puede controlar hasta lo que gastamos. Un pasito más hacia el delirio estatista. Por eso la idea de un Banco Central es socialismo aplicado al dinero. Por eso el dinero barato corrompe económica y moralmente, porque da innumerables créditos para el gasto y el consumo. Lo ideal es que un préstamo se pague a sí mismo. Todo lo que no sea eso es buscar problemas, potencialmente muy graves. La inflación, por ejemplo, corrompe todo: destruye tus ahorros y, por ende, tu vida. Así se corrompe una sociedad, machacando a las personas por hacerlo bien.

V) Derechos y deberes

Bastos arguye que los derechos positivos siempre son una agresión a los terceros que los pagan. A su juicio, solo deberían existir los derechos negativos, los que permiten hacer nuestra vida frente a injerencias externas. ¿Acaso hay derecho a tener amigos o a tener novia?

Bastos cree que la separación de poderes es una falacia. La impartición de justicia quizá existió cuando se encargaban de administrarla los nobles o el clero, ambos independientes del Estado. Pero hoy en día la justicia es un poder sometido al Estado, por más que diga la Constitución que es independiente.

Bastos cuenta verdades inveteradas fáciles de comprobar, también respecto del principio de igualdad. Discriminar lo hacemos todos, todos los días. Porque discriminar es elegir. La idea de que la discriminación es algo peyorativo proviene del Estado, no de las personas. Una empresa no tiene autobuses para mujeres y para hombres porque sería su ruina. Una productora de cine quiere a un blanco para el personaje de sheriff y no a un negro: eso es derecho a «discriminar», no racismo. Al fin y al cabo, cada uno puede hacer lo que guste en el mercado y el mercado le dirá si de veras puede hacerlo o no. ¿No admites chicos en el bar? Fenomenal: quizá nunca lo llenes. Tú mismo.

12

REFLEXIÓN FINAL

Vaya por delante lo difícil de condensar en pocas líneas el aprendizaje que el autor quizá haya conseguido gracias a la lectura y reflexión de diversos expertos en la materia. Lo que viene a continuación es el poso que han dejado en la mente de quien esto escribe.

Huelga decir que el trabajo intelectual es un trabajo individual que se hace en diálogo con otros, gracias al esfuerzo colectivo. Uno tiene que dedicar ingentes horas a la tarea, en gran medida leyendo lo que otros han dicho antes. Así que trabajo individual y trabajo colectivo.

Las virtudes para acometer el trabajo individual son las que requiere cualquier empresa que merezca la pena: soledad, concentración, perseverancia y recursos humanos y materiales (cuadernos, bolígrafos, ordenadores, libros, bibliotecas). También son capitales la honradez, la humildad, la prudencia y la generosidad. El contexto determina en buena medida la calidad del estudio. Para muchos colegas es realmente difícil leer y escribir en el despacho durante la jornada laboral, toda vez que la cantidad de clases, tutorías y de *microtareas* relacionadas con el día a día de un departamento universitario dejan poco espacio y menos ganas para hacer según qué esfuerzos. Los profesores de universidad han asumido paulatinamente una cantidad desproporcionada de tareas que no tienen que ver con el verdadero núcleo del oficio: leer, escribir y enseñar lo leído y escrito.

Los peligros del trabajo intelectual son varios. Por un lado, es relativamente fácil caer en el «torremarfilismo»: el profesor aislado en su torre de marfil, pertrechado en la fortaleza inexpugnable que es su despacho, ajeno a la vida real extramuros del castillo. En este marco se potencian las discusiones bizantinas. Además, la tentación de convertirse en un activista ideológico y político siempre está latente, sobre todo en las Ciencias Sociales, Jurídicas y en Humanidades. Las teorías cínicas que hoy se producen en algunos departamentos universitarios son las imposturas intelectuales de ayer. La ignorancia no reconocida es otro peligro acuciante, pues impide saber qué no se sabe y ponerle remedio, siquiera parcial.

En ese marco, la libertad de cátedra es fundamental. Pero lo es para ser mejor profesor, no para hacer trinchera política. Poder explicar los diferentes contenidos desde la propia perspectiva acrecerá a una mejor docencia e investigación. Debe usarse con prudencia y desde el pluralismo, ofreciendo un debate abierto y sincero sobre cuestiones importantes o curiosas para el estudiantado. ¿Cómo se puede lograr? No hay panaceas ni bálsamos de fierabrás, pero ayuda llevarles la contraria por defecto. Así se ofrece resistencia a sus argumentos y de la conjunción de unos y otros, el alumno sacará sus propias conclusiones.

Aunque opiniones hay para todos los gustos, el profesor de universidad que se dedica al Derecho Constitucional debe ser especialmente piadoso consigo mismo y con su disciplina. Porque lo más sencillo es ofrecer una interpretación «de parte» de la Norma Suprema, mercancía a colocar en el aula cual pescado en la lonja. Lo difícil es nutrirse de diferentes planteamientos, estudiarlos, comprenderlos, madurarlos y explicarlos. Dicho en corto: mejor ser buen profesor que buen demiurgo ideológico. Mejor ser profesor que activista.

Sobre esto último, tenemos ejemplos recientes de activismo por parte de ciertos constitucionalistas, tanto en los debates sobre la Ley de Amnistía como por las soflamas de quienes cultivan el constitucionalismo feminista. Escindir al jurista del activista es tarea difícil, pero no imposible, diga lo que diga Joaquín Urías. Merece la pena intentarlo, tanto por salud mental como por no vender mercancía averiada.

Para acometer dicha tarea, hemos buceado en profundidad en el pensamiento de uno de nuestros héroes intelectuales de hogaño: el profesor Bastos Boubeta. No solo creemos que las ideas de este politólogo, gallego sabio y entrañable, merecen atención y debate, sino que el modo que tiene de cultivarlas, desde la honestidad, la humildad y la claridad, hacen de él una referencia ineludible en los debates actuales.

13

BIBLIOGRAFÍA

Agudo González, J; «De la libertad investigadora al activismo académico», *Almacén de Derecho*, 1 de julio de 2024.

Althusser, L; *El porvenir es largo*, Destino, Barcelona, 1992.

Álvarez Rodríguez, I; *Sobre la libertad académica*, Dykinson, Madrid, 2023.

Álvarez Rodríguez, I; *Crítica del constitucionalismo feminista*, Atelier, Barcelona, 2020.

Álvarez Rodríguez, I; *Nueva crítica del constitucionalismo feminista*, Colex, A Coruña, 2023.

Álvarez Rodríguez, I; *Reflexiones sobre la Universidad*, Fundación Manuel Giménez Abad, Zaragoza, 2023.

Álvarez Rodríguez, I; *Fábulas del constitucionalismo feminista*, Dykinson, Madrid, 2024.

Álvarez Rodríguez, I; *Perspectiva de género y Constitución*, Colex, A Coruña, 2024.

Amoedo-Souto, C.A; «Del personal docente e investigador funcionario». En Horgué Baena, C; *La nueva ordenación de las universidades. Estudios sobre la Ley Orgánica 2/2023, del Sistema Universitario*, Iustel, Madrid, 2023.

Aranguren, J.L; *Filosofía y vida intelectual. Textos fundamentales*, Trotta, Madrid, 2010.

Arias Maldonado, M; *(Pos)verdad y democracia*, Página Indómita, Barcelona, 2024.

Arias Maldonado, M; «El tiempo de los profesores universitarios», *Universidad. Una conversación pública sobre la universidad*, 23/6/2022.

Arnaldo Alcubilla, E; *Tiempo de Constitución. Límites, controles y contrapesos del poder*, Editorial Ramón Areces, Madrid, 2021.

Aron, R; *El opio de los intelectuales*, RBA, Barcelona, 2011 (1.ª edición original: 1955).

Atrey, S; «Feminist constitutionalism: mapping a discourse in contestation», *International Journal of Constitutional Law*, n.º 20/2, 2022.

Aymerich Cano, C; «Selección y promoción del profesorado de las universidades públicas. En Horgué Baena, C; *La nueva ordenación de las universidades. Estudios sobre la Ley Orgánica 2/2023, del Sistema Universitario*, Iustel, Madrid, 2023.

Bacon, F; *Ensayos*, Galaxia Gutenberg, Barcelona, 2023.

Bain, K; *Lo que hacen los mejores estudiantes de universidad*, Universidad de Valencia, 2014.

Bain, K; *Lo que hacen los mejores profesores universitarios*, Universidad de Valencia, Valencia, 2007.

Battista Alberti, L; *De las ventajas y desventajas de las letras*, PPU, Barcelona, 1991.

Bárcena, F; *Maestros y discípulos. Anatomía de una influencia*, Ápeiron Ediciones, Madrid, 2020.

Becher, T; y Trowler, P; *Academic tribes and territories*, Open University Press, Buckingham-Philadelphia, UK-USA, 2001 (2.ª edición).

Benda, J; *La traición de los intelectuales*, Galaxia Gutenberg, Barcelona, 2008 (1.ª edición: 1927).

BERG, M; y SEEBER, B.K; *The Slow Professor. Desafiando la cultura de la rapidez en la academia*, Editorial Universidad de Granada, Granada, 2022.

BLOOR, D; *Conocimiento e imaginario social*, Gedisa, Barcelona, 1998.

BOURDIEU, P; *Homo academicus*, Siglo XXI Editores, Buenos Aires, 2010 (1.ª edición original: 1984).

BRADATAN, C; *Elogio del fracaso. Cuatro lecciones de humildad*, Anagrama, Barcelona, 2025.

BRAUNSTEIN, J.F; *La religión woke. Anatomía del movimiento irracional e identitario que está poniendo en jaque a Occidente*, La Esfera de los Libros, Madrid, 2024.

BURKE, P; *Ignorancia. Una historia global*, Alianza Editorial, Madrid, 2023.

BURKE, P; *Historia social del conocimiento, vol I. De Gutenberg a Diderot*, Paidós, Barcelona, 2024 (1.ª edición: 2012).

BURKE, P; *Historia social del conocimiento, vol. II. De la Enciclopedia a Wikipedia*, Paidós, Barcelona, 2024 (1.ª edición: 2012).

CACHÓN CADENAS, M; y FOSSAS ESPADALER, E; *Un largo paseo. Conversaciones sobre la vida y el Derecho*, Atelier, Barcelona, 2025.

CARABANTE, J. M.ª; *Mayo del 68. Claves filosóficas de una revuelta posmoderna*, Rialp, Madrid, 2018.

CARABANTE, J. M.ª; «Eric Voegelin y los orígenes espirituales de la política» en DEL PALACIO, J.; GRAÍÑO, G; *¿Atenas y Jerusalén? Filosofía y Religion desde 1945*. Tecnos, Madrid, 2022.

CARABANTE, J. M.ª; *Orden político, derecho e ideología*, Dykinson, Madrid, 2025.

CASANOVA, P; *La República mundial de las Letras*, Anagrama, Barcelona 2001.

CERCAS, J; «El hombre que dice no». En *El punto ciego. Las conferencias Weidenfeld 2015*, Random House, Barcelona, 2016.

COIGNARD, S; *La tiranía de la mediocridad. Por qué debemos salvar el mérito*, Deusto, Barcelona, 2024.

DAHRENDORF, R; *La libertad a prueba: los intelectuales frente a la tentación totalitaria*, Trotta, 2009.

DAVIES, W; *Estados nerviosos. Cómo las emociones se han adueñado de la sociedad*, Sexto Piso, Madrid, 2020, 2.ª edición.

DAVIS, P.; *Compromiso. Una contracultura en la época de la navegación infinita*, Rialp, Madrid, 2023.

DENEEN, P.J; *Cambio de régimen. Hacia un futuro posliberal*, Homo Legens, Madrid, 2023.

DERECSIEWICZ, W; *El rebaño excelente. Cómo superar las carencias de la educación universitaria de élite*, Rialp, Madrid, 2019.

DIÉGUEZ, A; *La ciencia en cuestión. Disenso, negación y objetividad*, Herder, Barcelona, 2024.

DREHER, R; *Vivir sin mentiras. Manual para la disidencia cristiana*, Ediciones Encuentro, Madrid, 2021.

EXPÓSITO GÓMEZ, E; *La libertad de cátedra*, Tecnos, Madrid, 1995.

FERNÁNDEZ DE CASADEVANTE, P; «España, una democracia militante», *Revista de Derecho Político*, n.º 119, 2024.

FINKEL, D; *Dar clase con la boca cerrada*, Universidad de Valencia, Valencia, 2008.

FORAN, M; MOSHIKARO, K; «The virtues and vices of scholarly activism», *Constitutional Court Review*, 13/1, 2023.

FREIRE, P; *Cartas a quien pretende enseñar*, Siglo XXI editores, México, 2010 (1.ª edición: 1993).

Friedman, M; *Capitalismo y libertad*, Deusto, Barcelona, 2022.

Friedman, M; *Libertad de elegir*, Deusto, Barcelona, 2022.

García Figueroa, A; «Notas sobre la Proposición de Ley de Amnistía (I): la exposición de motivos», *Almacén de Derecho*, 3 de diciembre de 2023.

García Figueroa, A; «Notas sobre la proposición de ley de amnistía (II): juristas neokelsenianos para una política schmittiana», *Almacén de Derecho*, 27 de diciembre de 2023.

Gargarella, R; *Manifiesto por un Derecho de izquierda*, Siglo XXI editores, Ciudad Autónoma de Buenos Aires, 2023.

G. Maestro, J; *Una filosofía para sobrevivir en el siglo XXI. Yo no soy un youtuber y usted no sabe nada sobre mí*, HarperCollins, Madrid, 2025.

G. Maestro, J; *Ensayo sobre el fracaso histórico de la democracia en el siglo XXI. La posmodernidad democrática como medio de destrucción del Estado moderno*, Google Books, Madrid, 2024.

González Alcaide, G; *Mediocres en la academia*, Amazon, 2025.

Gonzalo Díez, L; *Los vagabundos de la política. De la heterodoxia intelectual del siglo XIX a la ortodoxia ideológica del siglo XX*, Galaxia Gutenberg, Barcelona, 2025.

Guitton, J; *El trabajo intelectual. Consejos a los que estudian y a los que escriben*, Rialp, Madrid, 2018 (1.ª edición: 1951).

Harris, M; *Antropología cultural*, Alianza, Madrid, 2022 (1.ª edición: 1990).

Hayek, F; *La fatal arrogancia. Los errores del socialismo*, Unión Editorial, Madrid, 2010.

Hayek, F; «Los intelectuales y el socialismo», *Procesos de Mercado: Revista Europea de Economía Política*, vol. XIII, n.° 2, 2016 (1.ª edición: 1949).

Hitz, Z; *Pensativos. Los placeres ocultos de la vida intelectual*, Encuentro, Madrid, 2022.

Hofstadter, R; *Anti-intelectualismo en la vida norteamericana*, Tecnos, Madrid, 1969.

Hyde, D; *Compromiso y liderazgo*, HazteOír.org, Madrid, 2014.

Ittai Bar-Siman-Tov, I; Hostovsky Brandes, T; Lieblich, E; Roznai, Y; Shinar, A; «Scholactivism in the Service of Counter-populism: The Case of the Constitutional Overhaul in Israel», *International Journal of Constitutional Law (ICON)*, 3/2/2025.

Jaffe, S; *Trabajar. Un amor no correspondido*, Capitán Swing, Madrid, 2024.

Johnson, P; *Intelectuales*, Homo Legens, Madrid, 2008.

Joly, M; *Diálogo en el infierno entre Maquiavelo y Montesquieu*, Muchnik Editores, Barcelona, 1974 (1.ª edición original: 1864).

Judt, T; *El peso de la responsabilidad*, Taurus, Madrid, 2014.

Judt, T; *Pasado imperfecto. Los intelectuales franceses 1944-1956*, Taurus, Madrid, 2007.

Khaitan, T; «On scholactivism in constitutional studies: Skeptical thoughts», *International Journal of Constitutional Law*, 20/2, 2022.

Krzywon, A; «El iliberalismo constitucional ha llegado para quedarse. Las experiencias centroeuropeas», *Revista de Derecho Político*, n.º 113, 2022.

Lamo de Espinosa, E; González García, J. M.ª; y Torres Albero, C; *La sociología del conocimiento y la ciencia*, Alianza, Madrid, 1994.

Lazarus, L; «Constitutional Scholars as constitutional actors», *Federal Law Review*, 48/4, 2020.

L´Ecuyer, C; *Conversaciones con mi maestra. Dudas y certezas sobre la educación*, Espasa, Barcelona, 2024, 3.ª edición.

LE GOFF, J; *Los intelectuales en la Edad Media*, Gedisa, Barcelona, 1986.

LEGUTKO, R; *Los demonios de la democracia. Tentaciones totalitarias en las sociedades libres*, Encuentro, Madrid, 2020.

LEYS, S; *Breviario de saberes inútiles. Ensayos sobre sabiduría en China y literatura occidental*, Acantilado, Barcelona, 2016.

LEYS, S; *La felicidad de los pececillos. Cartas desde las antípodas*, Acantilado, Barcelona, 2011.

LÓPEZ-SIDRO LÓPEZ, Á; *Libertad de creencias y adoctrinamiento en un estado neutral*, Iustel, Madrid, 2024.

LÓPEZ RAMÓN, F; «Historia sistémica de un catedrático español», *Revista Aragonesa de Administración Pública*, n.º 61, 2024.

LOZANO CUTANDA, B; *La libertad de cátedra*, Marcial Pons, Madrid, 1995.

MACHADO, A; *Juan de Mairena. Sentencias, donaires, apuntes y recuerdos de un profesor apócrifo*, Página Indómita, Barcelona, 2022.

MAEZTU, R. DE; *Los intelectuales y un epílogo para estudiantes*, Rialp, Madrid, 1966.

MARICHAL, J; *El secreto de España. Ensayos de historia intelectual y política*, Taurus, Madrid, 1995.

MARQUARD, O; *Felicidad en la infelicidad. Reflexiones filosóficas*, Katz, Buenos Aires, 2006.

MARSAL, J.F.; *La sombra del poder. Intelectuales y política en España, Argentina y México*, Cuadernos para el Diálogo, Madrid, 1975.

MATIA PORTILLA, F.J; «La libertad de cátedra como límite a la autonomía de las universidades públicas», *Revista de Derecho Político*, n.º118, 2023.

Mccaughey, M; «Against scholar-activism», *The James G. Martin Center for Academic Renewal*, 16/2/2024.

Mering, N; *El dogma woke: Una respuesta cristiana ante la ideología de moda*, Rialp, Madrid, 2023.

Molina, C.A; *La caza de los intelectuales. La cultura bajo sospecha*, Destino, Barcelona, 2014.

Monbiot, G; y Hutchinson, P; *La doctrina invisible. La historia secreta del neoliberalismo (y cómo ha acabado controlando tu vida),* Capitán Swing, Madrid, 2024.

Monera Daroqui, F; «Don Miguel Anxo Bastos: un pilar del anarcocapitalismo contemporáneo», *Instituto Juan de Mariana*, sin fecha. Enlace: https://formacion.juandemariana.org/don-miguel-anxo-bastos-anarcocapitalismo/. Último acceso: 15/6/2025.

Morey, M; *Pequeñas doctrinas de la soledad*, Sexto Piso ediciones, Madrid, 2015, 2.ª edición.

Muñoz Machado, S; *De la democracia en Hispanoamérica*, Taurus, Barcelona, 2025.

Murakami, H; *De qué hablo cuando hablo de escribir*, Tusquets, Barcelona, 2017.

Navajas, S; *El pensamiento en lucha. Siete ideas decisivas para nuestro presente y los intelectuales que las encarnaron*, La Esfera de los Libros, Madrid, 2024.

Nieto, A; *El mundo visto a los 90 años*, Comares, Granada, 2022.

Nubiola, J; *Invitación a pensar*, Rialp, Madrid, 2019.

Oakeshott, M; *El racionalismo en política y otros ensayos*, Fondo de Cultura Económica, México DF, 2000.

Olier, E; *La debacle de occidente. Las guerras del siglo XXI*, Almuzara, Córdoba, 2023.

Ollero Tassara, A; «¿Qué podría significar hoy uso alternativo del Derecho?, *Nueva Revista*, n.° 21, 1992.

OLMOS, A; «Ser una prostituta intelectual (o no serlo)», *El Confidencial*, 2/4/2025.

ORDINE, N; *Los hombres no son islas. Los clásicos nos ayudan a vivir*, Acantilado, Barcelona, 2022.

OREJUDO, A; *Grandes éxitos*, Tusquets, Barcelona, 2017.

ORWELL, G; *El escritor y la política. Ensayos escogidos*, Página Indómita, 2023.

OVEJERO LUCAS, F; *El compromiso del creador. Ética de la estética*, Galaxia Gutenberg, Barcelona, 2014.

PALACIOS GÓMEZ, J.L; *La sociedad socialistamente socializada. Un ensayo sociológico*, Letrame Editorial, Almería, 2023.

PEMÁN GAVÍN, J. M.ª; «Reflexiones en torno a la docencia universitaria. La visión de un administrativista sénior», *Revista Aragonesa de Administración Pública*, n.° 59, 2022.

PÉREZ-DÍAZ, V; *Universidad, ciudadanos y nómadas*, Ediciones Nobel, Oviedo, 2010.

POLO, L; «Conferencia a profesores de la Universidad de Piura», agosto de 1994.

POPPER, K; *La sociedad abierta y sus enemigos*, Paidós, Barcelona, 2017, (1.ª edición: 1945).

PLUCKROSE, H; y LINDSAY, J; *Teorías cínicas. Cómo el activismo académico hizo que todo girara en torno a la raza, el género y la identidad y por qué esto nos perjudica a todos*, Alianza editorial, Madrid, 2023.

PROCTOR, R.N; y SCHIEBIENGER, L (eds); *Agnotología. La producción de la ignorancia*, Prensas de la Universidad de Zaragoza, Zaragoza, 2022.

QUINTANA PAZ, M.A; *Cosas que ha aprendido de gente interesante. Filosofía, política y religión*, Deusto, Barcelona, 2025.

Ramió, C; *La privatización de la Universidad*, Los Libros de la Catarata, Madrid, 2025.

Ramió, C; *Manual para los atribulados profesores universitarios*, Los Libros de la Catarata, Madrid, 2014.

Revel, J-F; *El conocimiento inútil*, Página Indómita, Barcelona, 2022 (1.ª edición original: 1988).

Rivero Ortega, R; *El futuro de la Universidad*, Ediciones Universidad de Salamanca, Salamanca, 2021.

Roca Barea, M.ª E.; *Imperiofobia y leyenda negra. Roma, Rusia, Estados Unidos y el Imperio Español*, Siruela, Madrid, 2016.

Rocher, G; *Introducción a la sociología general*, Herder, Barcelona, 12.ª edición, 1996.

Rodríguez Coarasa, C; *La libertad de enseñanza en España*, Tecnos, Madrid, 1998.

Rubio Marín, R; y Salazar Benítez, O; *El orden de género de la Constitución española. Lecciones del pasado y propuestas de reconstrucción paritaria*, Comares, Granada, 2024.

Rubio, E; *Religión woke: El despertar del supremacismo identitario*, Almuzara, Córdoba, 2023.

Ruiz-Doménec, J.E; *Un duelo interminable. La batalla cultural del largo siglo XX*, Taurus, Barcelona, 2024.

Ruiz Miguel, A; «De la jubilación del profesor universitario», *Almacén de Derecho*, 22 de diciembre de 2023. En línea: https://almacendederecho.org/de-la-jubilacion-del-profesor-universitario.

Ruiz Miguel, A; «Recuerdos, consejos y deseos de un profesor universitario con motivo de su jubilación», *Almacén de Derecho*, 22 de diciembre de 2023. En línea: https://almacendederecho.org/recuerdos-consejos-y-deseos-de-un-profesor-universitario-con-motivo-de-su-jubilacion.

Said, W; *Humanismo y crítica democrática. La responsabilidad pública de escritores e intelectuales*, Debate, Barcelona, 2006.

Salazar Benítez, O; «Educación e interseccionalidad una propuesta de interpretación evolutiva del artículo 27.2 CE en términos inclusivos». En Martín Guardado, S (dir); *Mujeres, esfera pública e interseccionalidad*, Colex, A Coruña, 2024.

Sapolsky, R; *Decidido. Una ciencia de la vida sin libre albedrío*, Capitán Swing, Madrid, 2024.

Scott, E; *Escritor profesional*, Ediciones Godot, Buenos Aires, 2023.

Scruton, R; *La cultura moderna*, El Buey Mudo, Madrid, 1998.

Serna, J; *Fernando Savater. La deriva de un intelectual*, Sílex, Madrid, 2024.

Serrano Gómez, A; *40 años devaluando la selección del profesorado universitario y sin expectativas de cambio*, Dykinson, Madrid, 2024.

Sokal, A; *Más allá de las imposturas intelectuales. Ciencia, filosofía y cultura*, Paidós, Barcelona, 2009.

Sokal, A; «How ideology threatens to corrupt science», *The Critic*, 22/5/2024.

Soto Ivars, J; *La trinchera de letras. La batalla cultural contra la libertad y el conocimiento*, Ediciones Nobel, Oviedo, 2024.

Souto Galván, B; *La libertad de cátedra y los procesos de depuración del profesorado. Desde principios del s. XIX hasta la Constitución de 1978*, Marcial Pons, Madrid, 2005.

Sowell, T; *Conflicto de visiones. Orígenes ideológicos de las luchas políticas*, Gedisa, Buenos Aires, 1990.

Sowell, T; *Falacias de la justicia social. El idealismo de la agenda social frente a la realidad de los hechos*, Deusto, Barcelona, 2024.

Sowell, T; *Discriminación y disparidades*, Deusto, Barcelona, 2024.

Stone, A; «A defense of scholarly activism», *Constitutional Court Review*, 13/1, 2023.

Stossel, S; *Ansiedad. Miedo, esperanza y la búsqueda de paz interior*, Planeta, Barcelona, 2016.

Tapiador, F.J; *La universidad. Qué es y para qué sirve*, Libros de la Catarata, Madrid, 2024.

Tolstói, L; *El camino de la vida*, Acantilado, Barcelona, 2019.

Velilla, N; *La crisis de la autoridad*, Arpa, Barcelona, 2023.

Villacañas, J.L; *Imperiofilia y el populismo nacional-católico. Otra historia del imperio español*, Lengua de Trapo, Madrid, 2019.

Villanueva, D; *El atropello a la razón*, Espasa, Barcelona, 2024.

VV. AA.; «Universidad 2023», *Nueva Revista de Política, Cultura y Arte*, n.º 184, 2023.

VV. AA.; *The Paris Review. Entrevistas (1953-1983)*, Acantilado, Barcelona, 2020.

VV. AA.; *The Paris Review. Entrevistas (1984-2012)*, Acantilado, Barcelona, 2020.

Walzer, M; *La lucha por una política decente. Sobre «liberal» como adjetivo*, Katz, Buenos Aires, 2024.

Wark, M; *Intelectos colectivos*, La Caja Books, Valencia, 2023.

Weber, M; *Universidad y política. Escritos y discursos sobre la educación superior*, Gedisa, Barcelona, 2023 (edición original 1985-1920).

Weber, M; *La ciencia como profesión. La política como profesión*, Espasa-Calpe, Madrid, 1992 (1.ª edición original: 1919).

Wilson, E; *Obra selecta*, Lumen, Barcelona, 2022.

WINOCK, M; *El siglo de los intelectuales*, Edhasa, Barcelona, 2010.

ZAGREBELSKY, G; *La clase*, Rialp, Madrid, 2024.

ZITELMANN, R; *El capitalismo no es el problema, es la solución. Un viaje a través de la historia reciente de los cinco continentes*, Unión Editorial, Madrid, 2025 (2.ª edición revisada).

ZNANIECKI, F; *El papel social del intelectual*, Fondo de Cultura Económica, México, 1944.